おいしい毎日
おしゃれな明日

野口真紀

はじめに

毎日掃除、洗濯をして、家族のためにご飯を作り、子供の保育園やお稽古事の送り迎えをし、さらに仕事を頑張る！　どうしてお母さんって、こんなにやることがたくさんあるのでしょう。

料理家として働きながら、まだまだ子育て真っ最中の私は、5歳の息子が病気をすれば気持ちが滅入るし、今年中学生になった娘は今まさに反抗期で格闘中。でも、どんなに大変でも、家族とともに暮らす日々が何より大好き。だから、毎日を100％ハッピーに楽しめる方法を一生懸命に考えたいと思うのです。

その中で、いちばん大事に思っているのは、お母さんもひとりの女性であるってこと。子供と夫のお世話係……だけではつまらないですよね。でも、そんな毎日にしてしまっているのは、もしかしたら自分自身かもしれない……とも思うのです。

年を重ねてもきれいでいたいし、おしゃれを目一杯楽しみたい。いつもおいしいものを食べたいし、すっきりした部屋で気持ちよく暮らしたい。衣食住のどれもを諦めたくない……。私が、自分を叱咤激励して、「もうちょっと！」と頑張るのは、女の幸せをぜ～んぶ手に入れたいと思っているから。そんな〝欲張り〟こそ、キラキラと輝いて生きる力になると信じています。

大きな目標を持ちすぎても、なかなか実現しないものです。だから、小さな目標を持って、ひとつひとつクリアしていきます。そんな努力のプロセスが、実はいちばん楽しいのかもしれません。子供たちにも、「まずはできることからやってみな」と言い続けています。

子供たちが悩んだときには「ママの子なんだから大丈夫」と肩を叩きます。褒めて育ててきたから、自信満々の娘と息子になりました。それでいいと思っているのです。「何でもできる！」という不思議なパワーは、きっと未来を切り拓いてくれると思うから。そして私たち母親も、何歳になっても、小さな子供がいても、きっと何でもできるはず。

この本では、そんな欲張りな私の日々の工夫を紹介します。朝走ること、朝ごはんをきちんと食べること、おしゃれにも手を抜かないこと……。そんな風に、ちょっとだけ頑張るって素晴らしい！「今日できること」は、きっと明日を変える力を持っていると信じています。

目次

第3章 ／ すべてに選んだ理由があります。暮らしに寄り添う道具たち

第4章 ／ 絶対に間違いありません！ 野口家のおいしいもの

第5章 ／ 家族4人。 いつもこんなものを食べています

第6章 ／ “すっきりきれい”をキープする、部屋の中での小さな工夫

MAKI LIFE ●コラム

第1章

主婦だって、ママだってきれいになりたい！

化粧水は「大高酵素」。じゃぶじゃぶ"浴びる"ように使います

若い頃は「男の子にもてたい」とか「人によく見られたい」と思ったものだけれど、年を重ねた今、「自分のためにきれいになりたい」と思うようになりました。この「大高酵素」の「ヘーラールーノ」は、敏腕美容ライターさんのおすすめで使い始めました。50種類以上の植物エキスを長期間発酵させた発酵液に、植物原料のエキスを加えて、天然の乳酸菌で発酵、熟成させたという天然100％の化粧水です。全身に使えるし、子供にも安心。まるでワインのようなクラシックなデザインの大ボトルも、化粧水っぽくなくてなんだかおもしろいでしょ！　植物の発酵した優しい香りもいいんです。年をとったら保湿が大事。お風呂上がりにジャブジャブ使います。時間があるときにはメイクの前にパックを。私は、エステには行きません。だってその時間がもったいないから。それより、ちゃんと選んだ化粧品で毎日の〝きれい〟をキープしたいなと思います。

「シゲタ」のボディー用オイル「プリンセスローズ」（右）とフェイスオイル「ゴールデンドロップス」（左）も愛用。

大高酵素の植物性
ヘーラールー
Hela L

できる日にだけ朝ランニング。家事も仕事もパワーアップします

朝6時。家族がまだ寝ているうちに家を出て、近所の駒沢公園まで約1キロを歩きます。到着したら1周2キロのジョギングコースでレッツ・ラン！　そしてまたのんびり1キロを歩いて帰ります。合計4キロで、家を出て50分ほど。この朝ランニングを始めたきっかけは、授乳の肩こりからでした。授乳をしながら寝かしつけて、夜中に変な体勢で寝ていたら、体が悲鳴をあげたんです。軽く歩いてみようかなから始まって、自分の体の声を聞きながら、少しずつ走ってみるようになりました。肩甲骨を意識しながら、腕をよく振って走るうちに、いつの間にか肩こりがなくなっていました。さらに、朝日のパワーをいただいて、頭がすっきりして、家事や仕事がサクサクはかどることも発見！　仕事が忙しい日や「今日はもうダメだ～」っていう日はお休み。できる日にだけやればいい。そんな気軽さが、暮らしに運動を気持ちよく取り入れるコツです。

体幹トレーニングはリビングで。トランポリンでジャンプ！　ジャンプ！

5歳の息子たおは、元気があり余っていて、いつも体を動かしていたいよう。だからここでジャンプ、ジャンプ！　中学1年生の娘うたは、水泳の選手なので体幹トレーニングが大事。だからやっぱりジャンプ！　そして私はもちろんダイエット目的でジャンプ！　5分も飛べばヘトヘトになります。友人が持っていて興味はあったものの、「リビングにトランポリンってどうよ？」となかなか思い切れなかったのですが、知り合いのカメラマンさんから「インナーマッスルを鍛えるのにはこれが一番！」と聞いて「やっぱり〜！」と即購入しました。レシピの原稿などを書いていると、だんだん飽きてくるんです。そんなときには気分転換にジャンプはとってもいいみたい。肩こりにも効果的なようです。うちでは誰かが飛び始めると、「僕も〜」「私も〜」とすぐに取り合いになります。ときどき夫もやってますよ。一家に一台おすすめです。

朝晩2回の体重チェックは自分を知るための習慣

おいしいものを食べるのも、お酒も大好き。ついつい食べすぎ、飲みすぎちゃうので、まるでジェットコースターみたいに体重が増減します。だから朝晩必ず体重計に乗る、というのがもうずいぶん前からの習慣です。昨日食べすぎたなと思ったら、朝にはちゃんと2キロ近く増えている！　だから、その日は食べるものをセーブして夜までに元の体重に戻します。場合によっては、戻るまで2〜3日かかることも。でも、落ちるまで〝意識〟し続けることが大事。おかげで、高校生の頃から体重は変わらないし、洋服のサイズもほぼ同じなんですよ。もちろんそんなにスリムというわけじゃないけれど、これが私の健康的な体重だと思っています。太りすぎると洋服が似合わなくなってテンションが下がります。だから自分の〝ゼロ地点〟を知って微調整を。体重計に乗って悲鳴をあげたり、ニヤニヤしたり、そんな毎日の繰り返しもいいものかな、なんて思っています。

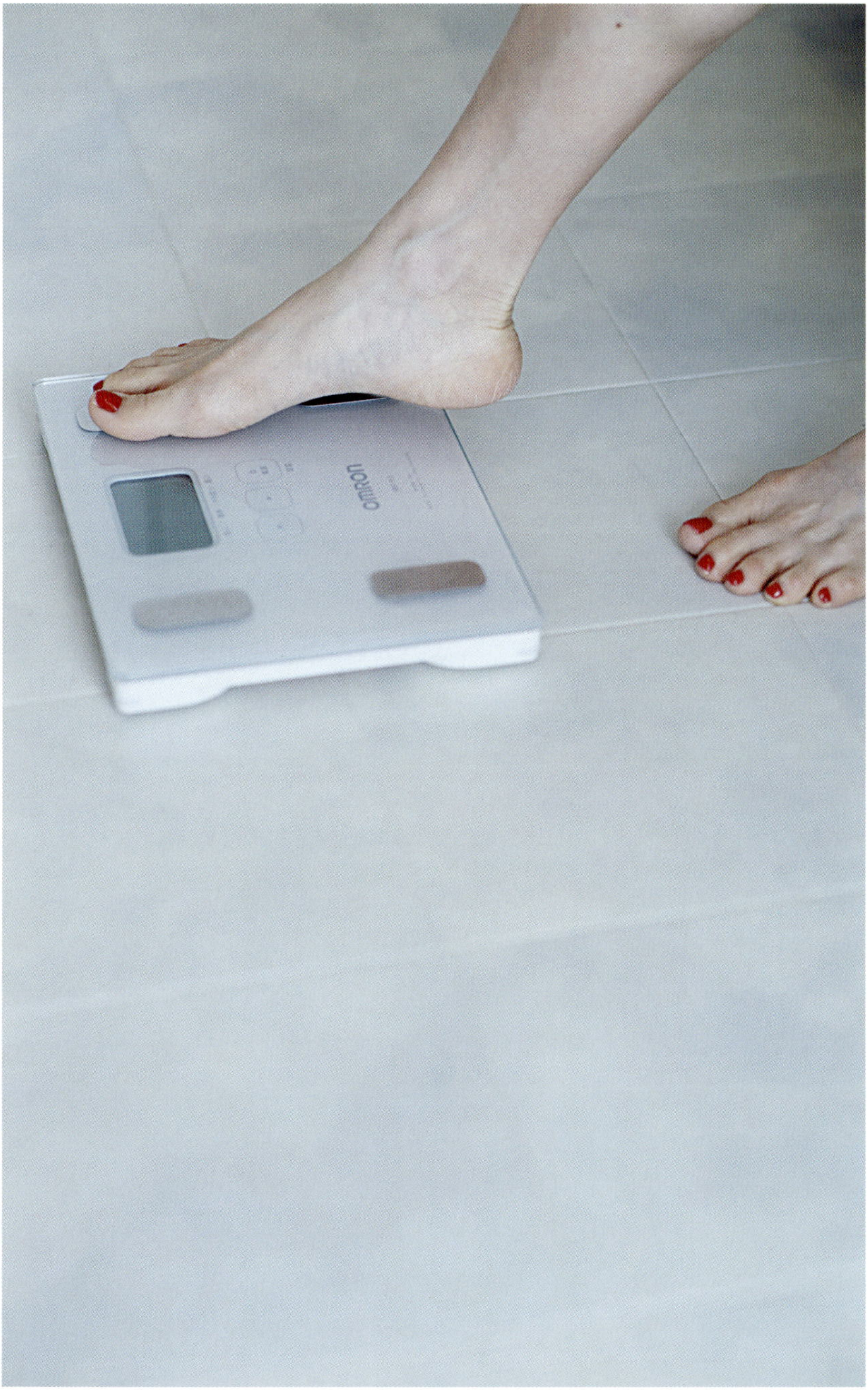
OMRON

"先っちょ"をきれいに。ペディキュアは欠かしません

料理家という仕事柄、手にはネイルができません。できたらどんなに楽しいかと思います。だから、長いお休みがとれたときは、手に真っ赤なネイルをするのが楽しみですね。普段は足のペディキュアでがまん。よく「末端のおしゃれ」という言い方をするけれど、手先や足先というのは、意外に人はよく見ているものなんですね。足先は、絶えず人の目に触れるわけではありません。でも、だからこそちらりと見える瞬間に、きれいにお手入れした足先が、「隅々までおしゃれ心が行き渡っているぞ」という印象をつくってくれるのだと思います。自分でも、ふと見下ろしたときに、足の指に真っ赤な色がのっているとテンションが上がります。塗るのは朝起きてすぐ。夜だとつい寝てしまって、また最初からやり直し……なんてことになりますから。色は、発色のいい「シャネル」の08番と決めています。ときどきゴールドで気分転換することも。ベースコートとトップコートも欠かせません。

2～3か月に1回顔剃りに。15年間続けている自分へのご褒美です

今から15年ほど前。近所の床屋さんの前を通ったら、「女性の顔剃り3500円」という張り紙が目に入りました。しかも、マッサージとパック付き！　床屋さんなんて入ったことないし、どうしよう……と思ったのですが、勇気を出して行ってみると、もう気持ちよくて病み付きに！　まずは蒸しタオルで顔をよ～く温めて、シャボンを塗って、シュッシュとカミソリで産毛を剃ってくれます。顔を剃ると顔色が一段明るくなって、化粧のノリもよくなるんですよ。おまけに眉も整えてくれて一石二鳥。私は眉を描くのが苦手なのですが、整えてもらうようになって上手に描けるようになりました。床屋のお母さんは、底抜けに明るくてゴッドハンドの持ち主。いつも話が弾んで、私はこのお母さんの笑い声を聞きにくるんだろうなあと思います。顔と一緒に心までマッサージしてもらって、生まれ変わったようにさっぱり。今ではなくてはならないご褒美Ｄａｙになりました。

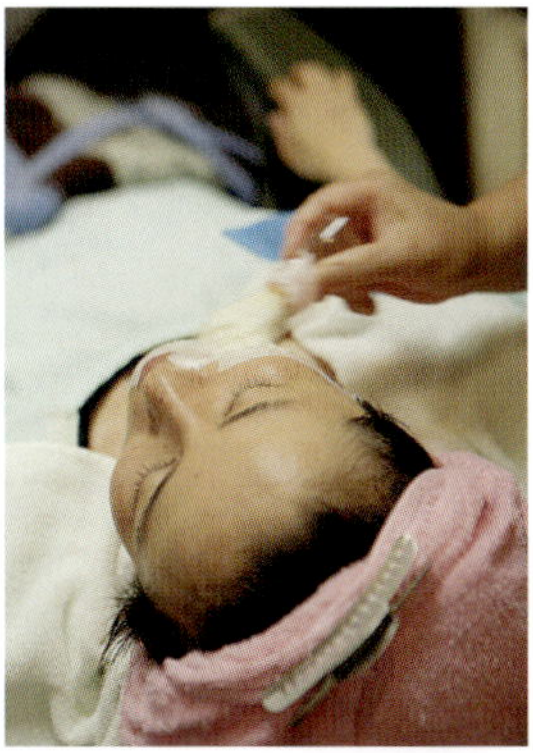

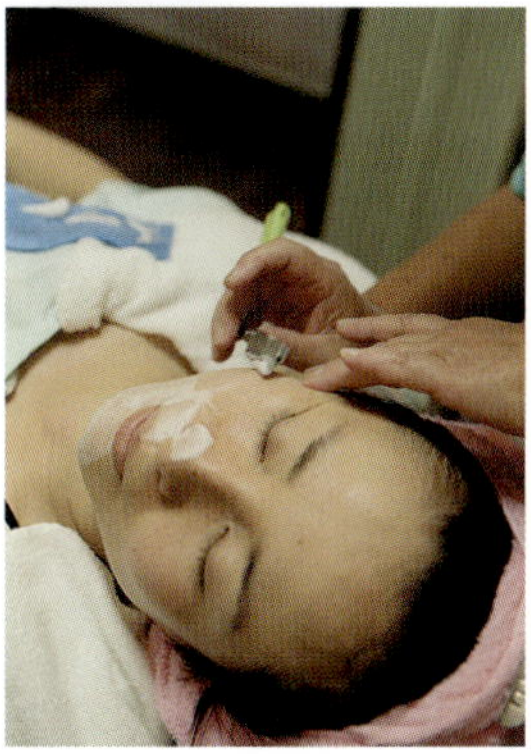

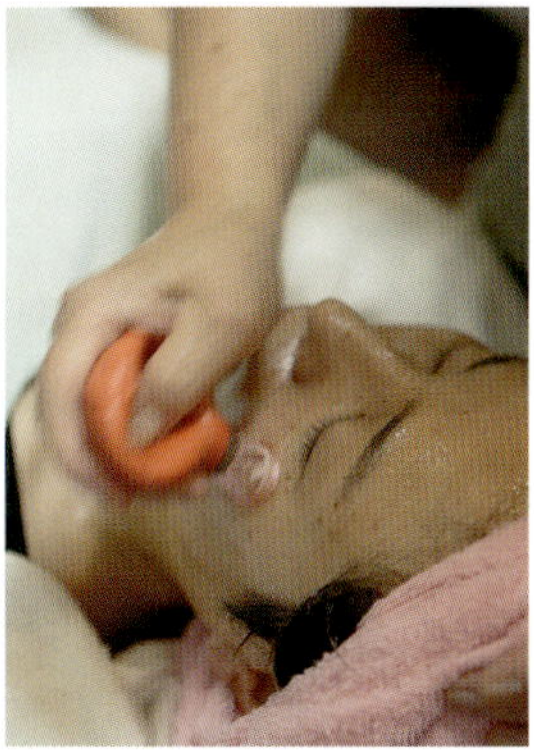

1日1回発酵食品を。昼のひとりごはんは納豆キムチ

外からだけではなく、体の内側からも整えるのが私の美容法。食にまつわる仕事をしているからこそ、食べるものが体を作ることを日々実感しています。乳酸菌は肌とお腹にいいので、1日1回は発酵食品を摂りたいと思っています。その代表選手が納豆とキムチ。食べ応えのある木綿豆腐の上に白菜キムチと納豆、ねぎをトッピングしていただきます。豆腐は手でちぎり、納豆のたれは入れずにキムチの塩分だけで食べるがポイント。お好みでラー油やごま油をまわしかけて。3食すべて、炭水化物を食べるとすぐに太るので、体重コントロールのためにも家でのひとりランチはこの一皿にすることも多いですね。けっこうお腹がいっぱいになりますよ。我が家の夕食は、子供がいることもあって夕方5時頃。お昼をお腹いっぱい食べると、おいしくお酒が飲めません。この納豆キムチなら消化がいいので、夕方頃にはお腹がすっきり！　だから我が家の冷蔵庫に納豆とキムチは欠かせません。

木綿豆腐をくずしながら器に入れ、白菜キムチ、納豆、小口切にしたねぎを重ねて、仕上げにラー油をたらり。

白菜キムチ
三之助

朝ごはんは7品目。食卓に並んだ食材を指折り数えます

イチ、ニー、サン、シ……。毎朝、朝食の準備をしながら、食材の品目を指折り数えます。卵にチーズ、しらすにパン、プチトマト……。朝食は、7品目を食べると、栄養バランスが整うことによって、特に子供は集中力が上がるのだとか。「7品目も！」ってハードルが高そうですが、足りなければ納豆を足したり、海苔をぺらっと加えればいいだけなので意外に簡単。ちょっと意識を変えれば簡単に準備できます。お味噌汁の味噌や具材も一品と数えます。我が家の朝ごはんはご飯とパンが半々ぐらい。ときにはうどんやお餅の日も。どんな日でも朝の指さし確認は変わりません。7つの食材を足し算することで、自然に「炭水化物だけ」みたいな偏りを避けることができます。子供は午前中の勉強や遊びがとても大切です。お昼ごはんまで、たくさん集中してものごとに取り組んでほしい……。そんな母の願いが、この7という数字の中に込められているのです。

洋食バージョン

和食バージョン

MAKI LIFE
—1

何かに夢中になれるって幸せ。「セカイノオワリ」にはまっています

娘が「最近、この曲が頭から離れないんだよ」と口ずさんでいたのを聞いて、「なんだかよさそう」とCDを買いに行った日から、私たち親子の「セカイノオワリ」好きが始まりました。車の中で聞いていると、曲はもちろん、歌詞の素晴らしさにどんどんはまっていき、今では娘より私の方が熱烈なファンに。最新アルバムも、ライブ情報も、インスタグラムやツィッターも毎日チェック。この年齢になってこんな気持ちになるなんて、当の私がいちばんびっくりしています。特にボーカルのFukaseが大好き！　彼は赤い髪がトレードマークの時期があり、私も初めて美容院で「この人みたいにしてください」と髪を赤く染めたことも。家族はドン引きし、息子の保育園の園児には変な顔で見られました。仕事でも家事でも子育てでもなく、まったく別の世界へと連れて行ってくれる……。そんな風に夢中になれるものを持っていることって、幸せだなあと思うのです。

Tree
の終わり

第2章

自分らしさって何?
マキ流大人のおしゃれ

ワンピースがあれば、いつでもおしゃれ上手に

今日はちょっとおしゃれをしたいな、という日はクローゼットの中からワンピースを選びます。ワンピースって、コーディネートを考えなくてもいいし、ウエストも締め付けないし、ラクチンなんですよね。さっと一枚着るだけでサマになるのもいいところ。私が選ぶのは、シンプルな色やデザインが多いので、靴やバッグで遊ぶのがポイントです。小物で洋服の印象がガラリと変わるし、シンプルな服によって、バッグや靴が際立つ！そんな〝引き立て合う〟組み合わせを考えるだけでワクワク！

「オスクレン」のボーダーワンピには、グレーの「コンバース」のスニーカーを合わせてカジュアルダウン。クラッチバッグは「ステラ・マッカートニー」です。2年前ぐらいに買った黒のワンピースは、「ジェームスパース」。今一番のお気に入りで、これ以上ナイスなワンピースには出会っていません。こちらは「チェンバー」のパンプスに、「ジバンシィ」のバッグを。打ち合わせに出かけたり、ママ友とランチに行ったり。「これ」という一枚を持っていると、どこに出かけるにも安心です。

年を重ねた今だからの白シャツとTシャツ選び

真っ白でシンプルなシャツは定番中の定番で大好きですが、年を重ねたら、ただカジュアルなだけより、少しレースや刺繍の施されたディテールに凝った一枚を選びたいもの。この4枚は、どれもジャストサイズ。右から「ドゥロワー」「ケミット」「ツノダ パリ」「ラグ&ボーン」です。しっかりとアイロンをかけピシッと着るのが大人の装い。光沢のあるパンツと合わせて、おしゃれ度をアップさせたり、袖をラフにロールアップして、デニムとヒールを合わせたカジュアルコーデも大好きです。

大人になったら少しいいTシャツが欲しくなります。デニムと合わせてさらっと着こなせる女性ってかっこいいですよね。でも、そのシンプルな一枚が難しい！　薄手すぎると体形がバレバレだし、大きすぎるとオバさん臭い……。でも、吟味して選ぶと、自分の体をカバーしてくれるTシャツに出会えるんです。この5枚が私のベストオブTシャツ。水色は「ジェームスパース」、ピンクと黒は「ラグ&ボーン」、白は「アニエスベー」、柄物は「オスクレン」。ちゃんとアイロンをかけて着ます。

体をきれいに見せてくれるパンツ選びはシルエットが命

「足があと10センチ長かったらね〜」といつも娘と話しています。すらっと足が細くて長い人がパンツをはいたら、かっこいいに決まっている！　でも、これまた探しに探せば、少しでも足が長く見えるような美しいシルエットのパンツが見つかるのです。この「ジェームスパース」のパンツはジャージ素材でラクチンなんだけれど、形がとてもきれい。はき心地も抜群です。生地がしっかりしているので、膝が出にくいところも気に入っています。実は、私は自分で自分に「チュニック禁止令」を発令しています。少々お腹が気になっても、きちんと体に合ったサイズ感のパンツやシャツを選びたい。上手にスタイルアップできるアイテムさえ選べば、体のラインを無理に隠すより、ちゃんと出したほうが、きっと女度が上がるはずだから。「こうありたい」と願うこと。そしてとことん探す手間と時間が、明日のおしゃれを楽しく変えてくれるのだと思います。

コートは「セリーヌ」。そろそろそんなお年頃

子供が大きくなると卒業式、入学式とさまざまな行事が増えてきます。その時期は大抵が春。でも、スーツやワンピースの上に羽織るスプリングコートはなぜかいいデザインのものが見つからず、ずっとなしで通してきました。ただ、ここ数年「季節に合ったコートを着こなす女性っていいな」と思うようになったのです。そんなとき、「目の保養に」と「セリーヌ」のブティックに立ち寄ってみました。いつもは足を踏み入れない洋服コーナーもちらり。そうしたら、出会ってしまいました。ハイブランドのコートなんて夢のまた夢だったけれど、つい手を通してしまったのです。震えるぐらいにかっこよくて……。店員さんは「Tシャツとデニムでさらりと着てもかっこいいですよ」ですって！　こうして、私はあっさりとハイブランドデビューを果たしたというわけです。これを着ていると、みんなに「素敵、素敵！」と褒めてもらえます。大事に一生着ようと誓いました。

メガネ選びは"ちょっとはずし"て遊び心を

一見サングラスのようなメガネをかけるようになって10年ぐらいが経ちます。このメガネで娘の学校に行くと「野口の母ちゃん、またサングラスしてる！」と男の子たちに言われて「これは度の入ったメガネなのよ〜」と何度も説明しています。きっと私は黒縁など、ごく「普通」のメガネをするのがどこかハズカシイのかも……。ちょっととぼけて〝おもしろ母ちゃん〟になってみる。そんな〝はずし〟具合が私らしいのかなと思います。この色違いのメガネは「白山眼鏡店」のものです。

アクセサリーは"いいものを少し"が大人らしさ

ダイヤモンドが大好きです。「ティファニー」のスクエアのダイヤモンドの指輪は亡くなった父が残してくれたお金で買いました。身につけるといつも父のことを思い出します。天国で「そんな高いものを買わずに貯金しろ!」って怒っているかも。そしてこのクラシックなジュエリーケースもお気に入り。ネックレスをポケットにひとつずつしまえるので絡んでしまうこともなし。しまっている姿が美しいと、「いいものを少し」というアクセサリーの持ち方で、心満たされる気がします。

おしゃれは、洋服よりも靴とバッグが実は大事

実は若い頃、料理よりファッションの方が好きでした。洋服屋さんの店員になりたいと思っていたぐらい。一日のコーディネートはまず靴から決めます。子育てをしているとヒールがきつくなってきて、いまはフラットシューズオンリー。先のとんがったデザインが足先をきれいに見せてくれます。ここ数年は、メイドインジャパンの丁寧な仕事の「チェンバー」が気に入っています。バッグは「シャネル」のブラックチェーンに憧れて、8年前の誕生日にやっと夫にプレゼントしてもらいました。銀座の「シャネル」に買いに行き、嬉しくてお店の前で記念撮影したのを覚えています。Tシャツとデニムなどにさらりと持つのがかっこいい！「シャネル」が似合うおばあちゃんになるのが夢です。

MAKI LIFE

—2

気に入った子供服を見つけたら色違いで2枚買い

男の子の服って本当にかわいいものが少ない……。だから「これいい！」と見つけたら、必ず色違いで2枚買うようになりました。狙い目はユニセックスなもの。定番の「セントジェームズ」と「GOD」のTシャツは、生地のよさが抜群。水色とネイビーのボタン付きは、「BONTON」のもの。柔らかくて着心地がよく、フランスならではのおしゃれ着です。少し高価でも、きちんとよいものを選ぶと、ガンガン洗濯してもへたれることなく、流行に左右されずにいつまでもかわいい！　男の子ですがオレンジやピンクも当たり前のように着せています。素直に着てくれる今だけの、母のささやかなお楽しみです。

ムーミンのチルドレンセットを子供たちの記憶の一部に

安定感のある厚み、子供がすくいやすいように考えられたカーブ、ユニークな絵、スモーキーな色使いと、これこそ子供のためのパーフェクトな器だなあと思います。2〜3年に一度新しい柄が出るので、見つけたら集めるようになりました。数年前に「イッタラ」のグラスを発見しこれも仲間入り。出産祝いにもおすすめです。

第3章

すべてに選んだ理由があります。暮らしに寄り添う道具たち

社会人1年目から1本ずつ。「クリストフル」のカトラリー

美術短大でデザインを専攻していた私でしたが、卒業後、いろいろなご縁で、料理関係の会社に入りました。そんな社会人時代に、お給料をもらえるようになってから1本ずつ集めるようになったのが、この「クリストフル」のカトラリーです。幼い頃から、レストランにあるような本物のカトラリーに憧れていて、将来結婚したら、こんな美しいカトラリーを使って食事が楽しめるような生活がしたい、と思っていました。その後、仕事でまとまったお金が入ると4本セットで買ったりと、じわじわと引き出しの中にシルバーの輝きが増えていく様を眺めるのが好きでした。今では私のささやかな夢がかなって、数え切れない本数に。左端の四角いアイスクリームスプーンは夫がヨーロッパ出張のときに買ってきてくれたもの。こうして大事に集めたものを、いつか娘が結婚したらプレゼントしたいとひそかに考えています。

機能と美しさを併せ持つ究極の「木屋」の米びつ

レバーをひと押しで一合。ふた押しで二合。お米を保存しながら、スムーズに計量できるのが、この「木屋」のスリムな米びつです。桐製なので湿度や温度の変化を受けにくく、いい状態でお米をキープしてくれます。実はコレを買ったきっかけは、冷蔵庫を買い替えたからでした。新しい冷蔵庫を以前と同じ位置に置いたら、20センチほどの隙間ができた……。あ～残念！　なんとかしたいと、隙間収納家具をあれこれ見たけれど、気に入るデザインがなかったのです。そんなとき、ふと百貨店にある「木屋」に入ってみたら、このスリムビューティーと出会っちゃったというわけです。シンプルで飽きがこないデザインなので、キッチンのちょっとしたスペースにおすすめ。ご飯を炊くのは毎日のことですから、少しでも楽しく準備したいですよね。これを買ってから、子供たちも喜んで、「今日は何合？」ってお手伝いしてくれるようになりました。

米びつには、防虫効果があると言われる鷹の爪を入れておく。

おいしいご飯が一番のご馳走。土鍋とおひつ

ふっくらと炊き上がったおいしいご飯は、毎日の食事の基本だと思っています。私はちょっと硬めに炊き上げるのが好き。もう何年も前から炊飯用の土鍋で炊くようになりました。土鍋のまま、食卓にポンと置いて、各自が好きなだけよそうのが我が家のスタイル。たくさん炊いて残りそうだったら、おひつに移し替えます。おひつに入れると水分がうまく蒸発して、冷めてもずっとおいしいんです。炊飯器で保温状態にすると、端っこがカピカピになるし、コンセントを抜いてそのままおいておくと、水分が飛ばずにせっかくのご飯がベチャベチャに。そんな悩みもこの「魔法のおひつ」に入れておけば解決できます。炊飯器で炊いたご飯も、このおひつに移しておけばひと味違うから不思議ですね。おひつはカビが生えやすいので、使ったら、すぐに洗って窓辺の風通しのいいところに。少し手間はかかりますが、おいしいご飯のためならば頑張れるのです。

おいしいご飯の炊き方

1　お米は最初に入れた水を吸水するので、水で2～3回、さっと洗います。

2　その後、ギュッギュと10回ぐらい水を替えてよく研ぐ。この工程を3分以内で行います。よく研ぐとお米の甘みが増しておいしくなります。

3　ざるに上げてお米の水を切る。土鍋にお米と水を入れて夏なら30分、冬なら1時間浸水してから中火にかけ、ブクブクしてきたら弱火で10分炊きます。

4　そのまま土鍋で10分ぐらい蒸らしてから、さっと洗ってふきんでさっと拭いたおひつに移し替えます。

小さくて愛らしい子供茶碗は陶器が基本

子供の小さな手のひらにすっぽり収まるお茶碗を見るたびに、なんてかわいいんだろう！と思います。我が家では1歳ぐらいから、この陶器の飯碗を使わせてきました。今まで何個割られたことか！　でも、こうやって覚えていくんだなと、あまり怒らずに「器って割れるものだ」ということを教えてきたように思います。プラスチックの食器で食事をさせることはなかったなあ。おいしそうに見えないし、食べている姿もかわいくない……。この5つの飯碗のうち、4つは近所にある器屋さん「宙《そら》」で買ったものです。近所にあるのでいちばんよく行く大好きなお店。子供茶碗は不定期で新しい絵柄が入るので、こまめにチェックしに行きます。子供でも、いい器で食事をすると、きっと嬉しい気分になるだろうなと思うのです。最近では、「ママの大事な器だから」と言うと、5歳のたおもちゃんとわかって、丁寧に使ってくれるようになりました。

キャラクターなしでもこのお弁当箱がいいワケを教えます

木のお弁当箱は、大したおかずを作らなくても、何でもおいしそうに見せてくれる魔法の箱です。玄米に梅干しをのせて、ごま塩をふりかけただけだってＯＫ！　木は呼吸をしているので、水分がほどよく抜けて、冷めたお米もまたおいしくいただけます。我が家では、子供たちはふたりとも給食なのですが、週末にはよくお弁当を作ります。うたは水泳の大会へ。たおは、夫とのお出かけに。

実はうたが小さな頃、「キャラクターのお弁当箱が欲しい」というのでいくつか買ったことも。でも、懲りずに渋いお弁当箱も使い続けてきたら、中学生になった今ようやく「うたのお弁当おいしそう！」と友達に言われて自慢げのよう。たおも戦隊モノのお弁当箱が欲しくてたまらないらしいのですが、なんとかごまかしています。最近のお気に入りは漆のお弁当箱。美しく艶っぽくてお箸もお揃い。子供が一生懸命お弁当を食べている姿って、愛おしくてウルウルしちゃいますね。

圧力鍋は、忙しい毎日に欠かせない時短料理のツールです

「ヘイワ」の圧力鍋は、圧力がかかると中央のおもりがフルフルと揺れる昔ながらのタイプ。私はこのシュ一ッと大げさな音の出るタイプが、〝ザ・圧力鍋〟だと思っています。せっかく圧力鍋を買ったのに、おっくうでなかなか使わなくて……という人も多いようですが、我が家では大活躍！　一番は玄米を炊くこと。もちもちに炊けるので、うちにごはんを食べに来た人はみんな「玄米ってこんなにおいしかったっけ？」と口を揃えて言います。もちろん白いご飯もとびっきりのおいしさです。実家にいた頃、母が「あ、大変！　お弁当のご飯がない」というときは、決まって圧力鍋を取り出していました。5分で炊けるからかなりのスピード。炊飯器で炊いたご飯とは違って、もっちりと甘みのあるご飯は、私の思い出の味です。そのほか、残り野菜をすべて入れてダイエット野菜スープを作ったり、肉や魚を煮ると骨まで柔らかくなるし、じゃがいもなどを蒸すのもスピーディーで助かります。

玄米ご飯がもっちり

玄米４合を研ぎ、浸水はせずに鍋に入れ、普通の水加減で中火にかけ、おもりが揺れたらごく弱火で25分かけてゆっくり炊き上げます。10分蒸らしたらでき上がり。一度にたくさん炊いた方がおいしくなるので、熱々のうちに小分けにしてラップで包み冷凍しておきます。平らにして急冷するのがポイント。

いわしのしょうが煮も

圧力鍋で作れば、たった15分で骨まで柔らかく。鍋まかせで、おいしい一品ができ上がります。

材料
いわし…8尾
煮汁：砂糖、酒、しょうゆ…各大さじ2
　　　水…1カップ
昆布…20㎝四方1枚
しょうが(千切り)…2かけ
梅干し…3～4個

作り方
1. いわしは頭と内臓を取ってよく洗う。
2. 圧力鍋に煮汁の材料と昆布を入れて煮立て、1、しょうが、梅干しを入れる。
3. ふたをして中火にかけ、おもりが動いたら弱火にして15分煮る。火を止めてそのまま冷ます。ふたを取り、煮汁が半量になるまで煮詰める。

丸ごとじゃがいもを茹でるのも

ポテトサラダやポテトコロッケなどのポテト料理は、丸ごとじゃがいもを茹でると、味がぎゅっと凝縮されて断然おいしくなります。でも、鍋で水から茹でるとなかなか時間がかかるもの。そこで圧力鍋の出番です！　中火にかけ、おもりが揺れたらごく弱火にして5～7分ででき上がり。茹でたてにバターをのせてハフッとかぶりつくのも最高です！

我が家の食卓のベース。上泉秀人さんの器

テーブルの上に並べたこの器、ぜ〜んぶ陶芸家の上泉秀人さん作なんです。洗練された色と形が好きで、長い間集めてきました。ずっと使い続けていても、まったく飽きがこず、しっかりと丈夫なので全然割れません。私たち夫婦の結婚式の引き出物にも使わせていただきました。私は雑誌で紹介されていたり、「今、この人が人気」みたいな情報はまったくノー・チェック。自分の目で見て、手の届く範囲で選べばいい、と思っています。上泉さんの個展は必ず出かけて行って新作を買い足します。毎回刺激的な器が登場するのが素晴らしい。そんなご縁を大事に、我が家だけの器揃えができればいいなと思います。

よく切れたら気持ちいい！だから毎日包丁研ぎを

毎日料理を始める前にシュッシュ。この「グローバル」のシャープナーで包丁を研ぐのが日課です。切れない包丁は、ストレスになりますから。職業柄、一生かかってもこんなには使わないだろうというぐらい、包丁をたくさん持っています。でも、ここ数年、定着してきたのが「グローバル」の包丁です。新潟・燕三条で作られていて、世界中のプロが愛用しているというもの。柄の部分までステンレスの一体構造で、洗いやすく、清潔に使い続けることができる優れものです。以前は毎回気合を入れて、砥石で包丁を研いでいました。でも、ここ最近もういいかな、と思うようになったんです。そしてこの手軽なシャープナーを使い始めたというわけ。使うたびにさっと研ぐとなかなかの切れ味になります。もちろん本格的に研いだ切れ味とは違いますが、日々のごはんの支度にはこれで十分。ただし、毎日欠かさずにシュッシュ。ご機嫌に料理を始めるための習慣です。

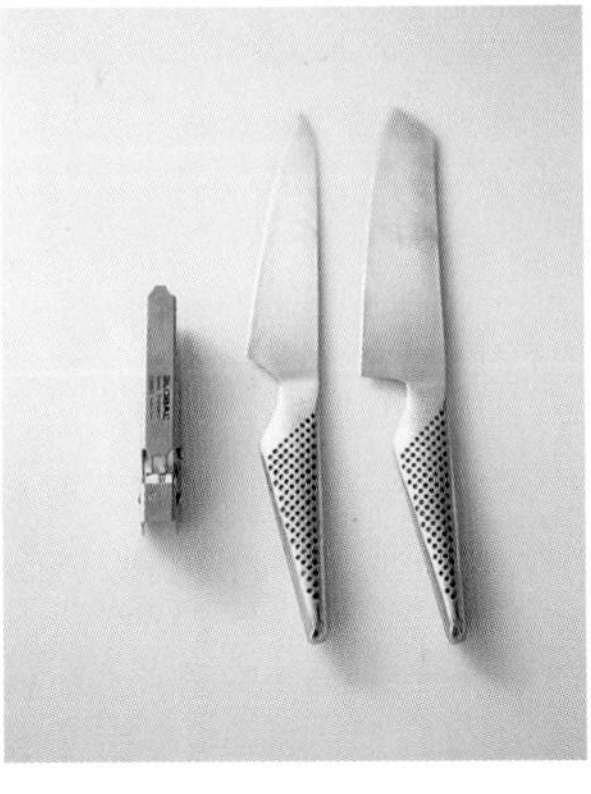

「吉田金属工業」のグローバルシリーズの包丁と、シャープナー。

GLOBAL

おいしく飲みたいから日々の食卓に「リーデル」のワイングラスを

家では普通のコップでいいじゃない、という人もいるかもしれないけれど、私はワインを飲むなら、絶対にちゃんとステム(脚)のあるワイングラスじゃなきゃ……と思うタイプ。一日の締めにはワインをおいしく飲みたいから。グラスでお酒のおいしさは変わると思っています。そこで愛用しているのが、美しいフォルムと質のいいガラスの「リーデル」。「デパートならどこでも売っていて買いやすいのもいいところ。薄手なので、うっかりすると割ってしまうけれど、また同じものを買い足しています。赤ワインも白ワインも、グラスをクルクル回しながら香りを楽しむのが好きなので、大きめをチョイス。お手軽な値段のワインも、これで飲むとなんだかおいしく感じます。ステムなしのタイプはジュースや炭酸水を飲むときに。洗い終わったら、毛羽がつかない麻のキッチンクロスで拭き上げるのがきれいな輝きを保つコツです。薄くて硬質な口触りは、ご褒美時間に欠かせません。

素材の旨みがギュギュッと凝縮。「ストウブ」で料理の腕がアップする

ファースト「ストウブ」を手に入れたのは、もう10年以上も前のこと。高級鍋なのでエイッと勇気を出して買ったのを覚えています。ビーフシチューを作ってみたら、お肉がトロトロで味も絶品！　使えば使うほど好きになりました。サムゲタンも、丸鶏を一羽丸ごと入れて薬味とともに4～5時間煮ると、この鍋だからこそのおいしさに。いろいろな色があるけれど、私はかっこいい黒が好き。ダイニングの片隅に大きいものから順に積み重ねて、飾るように置いています。

鶏そぼろはコレじゃなきゃ！定番の雪平鍋

野菜や麺を茹でたり、煮物を作ったり。うちでいちばん出番が多いかなと思うのが、「木屋」の雪平鍋です。大小ふたつのサイズを持っていて、柄の付け替えなど修理も可能。一生モノだと思って大事に使っています。そしていつからか、鶏肉そぼろはこの雪平鍋で作る、と決めるようになりました。材料を全部入れて混ぜてから火にかけ、鶏ひき肉に火が通るまで手早くかき混ぜます。このときちょうどいい感じに水分が飛んでくれるのが、雪平鍋の力。和食を作るならやっぱりこの鍋ですね。

キッチンに並べただけでサマになる「ダンスク」の鍋

「もうこれ以上鍋はいらない!」と思うほどたくさん持っているのに、見るとつい欲しくなる……。それが、「ダンスク」のホウロウの鍋です。デンマークのブランドだと思っていたら、実は北欧デザインを取り入れたアメリカのブランド。その中でも代表的なスタイルが、「コベンスタイル」の鍋です。ふたの取っ手が十文字になっていて、鍋敷きとしても使えるのが特徴。若い頃からアンティークショップを回って少しずつ集めてきました。2002年に復刻版が出て、手に入りやすくなって嬉しい! ほかの鍋に比べて発色が抜群によく、内側もガラスコーティングなので、汚れがさっと落ちます。シチューや炊き込みご飯などを鍋ごとテーブルに出すと、ご馳走感がぐんとアップしますよね。

この3つがあれば。「ビタクラフト」の鍋が基本

仕事柄、「どんな鍋がいちばんいい？」と聞かれることが多いのですが、そんなときには迷わず「ビタクラフト！」と言っています。新生活や、出産祝い、母の日のプレゼントなどにすると、料理好きの人は必ず喜んでくれます。5層ステンレス構造で、ほんの少しの水分で野菜を茹でたり、蒸したり、煮たり。素材の旨みや風味、栄養を逃すことなく調理できるのがいいところ。煮物は、ふたをしてしばらくそのままおいておくだけで、いい感じに味が入っておいしく仕上がります。いちばん小さな片手鍋は15年ぐらい前に買ったもの。今も、毎日お味噌汁を作るのはこの鍋です。少しの量の野菜を煮るのにもピッタリなので、離乳食にもよく使ったな……。思い出が詰まった最高の鍋です。

入れ子にした姿が美しい「クリステル」の鍋

20代の頃、憧れだったのがこのフランス製「クリステル」の鍋。この芸術的に美しい入れ子状態でしまえるところが好き！　付属の取っ手をカチッとはめて使う仕組み。鍋本体に余計なものがついていないので、オーブンにそのまま入れられるところも気に入っています。アルミをステンレスではさんだ3層構造の厚い底なので、均一に効率よく熱がまわり、保温力にも優れているので、煮物がほっこりおいしくできるんです。ふたも鍋も隅々まですっきり洗えて、美しさが長持ちします。

卵の角がきちんと立つことが大事。
銅製の卵焼き器

15年以上前に買って、かなり年季が入ってきた銅製の卵焼き器。サラダ油を熱して、卵液を少しずつ流して巻く……。もう何百個作ったことか。我が家はお弁当にも朝ごはんにも、甘い卵焼きが定番。使えば使うほどなじんで、卵が鍋底にくっつかずにきれいに焼けるようになります。フライパンと違って、角をピシッと四角く作れるのもこの鍋ならでは。使い終わったら水でさっと洗い、火にかけて水分をしっかり飛ばします。いいものを買うと長く使えることを実感する、愛着のある道具です。

冷蔵庫の上に新聞紙を敷き、大小のせいろを並べて。鍋とせいろがセットになったタイプがおすすめ。

忙しい日には蒸し料理。せいろは手が届く位置にスタンバイさせて

20代で、料理本の編集者として働いていた頃、料理の先生のお宅で、初めてじゃがいものせいろ蒸しをいただきました。ただ、蒸しただけなのに、そのホクホクとおいしかったこと！ あまりに感激し、その帰りに無性にせいろが欲しくなって、買いに走りました。なぜかせいろで蒸すと、野菜のおいしさが倍増するような気がします。初めてせいろを買った日、さっそくじゃがいもを蒸してオリーブオイルと塩でいただきました。それからというもの、究極にシンプルに食べるということにはまり、その後蒸し料理の本を2冊も出しました（『やさしい たのしい 蒸し料理』エクスナレッジ刊ほか）。我が家では、せいろはしまい込まず、すぐ使えるように、冷蔵庫の上が定位置。「今日の中身はなあに？」と子供たちが目をキラキラさせて、せいろのふたを開ける瞬間も大好きです。

野菜蒸し

冷蔵庫の残り野菜をよく蒸します。皮をむくのが面倒な里いもは蒸すと手でスルッと皮をはずして食べられます。丸ごとせいろに並べ、竹串がすっと通るぐらいまで蒸します。食卓にこのまま出して、オリーブオイルと塩や、ごま油など、シンプルな味つけでいただきます。

鶏もも肉の豆鼓《トーチ》蒸し

ジューシーな鶏肉と、ザーサイや豆鼓、梅干しなどの味わいを、一皿にぎゅっと閉じ込めて蒸し上げます。

材料

鶏もも肉…大1枚
ザーサイ(みじん切り)…大さじ2
豆鼓(粗く刻む)…大さじ2
にんにく(みじん切り)…1かけ
梅肉(包丁でたたいたもの)…大1個
塩、こしょう…各適量

作り方

1. 鶏肉は好みで皮と脂肪を取り除き、2～3cm角に切る。
2. ボウルに1とその他の材料を入れ、全体を混ぜて、耐熱皿に移す。
3. 蒸気の立った蒸し器に入れて強火で15分ほど蒸す。好みで香菜をのせる。

安上がりで、しかも安全だから この漬物容器が欠かせません

昭和の時代、どの家庭にも一家に一台あったのではないかな？　ネジでぎゅっと野菜を圧縮して漬物を作るための漬物器です。見た目はイマイチなんだけど、これがかなりの優れもの。ここ数年は冬になると白菜とゆずで漬物を漬けるのが習慣になっています。白菜、ゆずの皮を昆布とともに漬け込み、3〜4日おくと昆布がとろりとしてきます。カサが減って4分の1ほどの量に。この状態になると、味がしっかり馴染んでおいしくなります。白菜のほかにも、きゅうり、キャベツ、小松菜などもおすすめ。炊きたてご飯と一緒に食べてもいいし、日本酒のアテにも最高！　あと1品あればな、というときのお助けおかずにもなってくれます。市販のお漬物は塩分が強く、保存料がかなり入っているので、できれば家で作りたい。この容器さえあれば、手間いらずで、安くでき、しかも安心です。冷蔵庫に常備しておくと、サラダ代わりに旬の野菜をいっぱい食べられます。

買ってきた野菜はこの状態で保存。キッチンペーパーは「シェフロール」を

初めて使ったときに、あまりの丈夫さにびっくり！　以来ずっと愛用しているのが、プロ用に開発されたという、超厚手のキッチンペーパー「シェフロール」です。不織布製なので、毛羽立たず衛生的。我が家でいちばん活用しているのが野菜の保存です。水菜やルッコラ、レタスなどの葉物野菜は、買って来たその日にすべて、水洗いして適当な大きさにカットしてから、ホウロウの保存容器にこの「シェフロール」を敷いた上に入れ、さらに上にもペーパーをかぶせて冷蔵庫で保存します。こうすると、野菜がいつまでもパリッと元気でいてくれて、いつでもおいしくサラダを食べられるというわけ。冷蔵庫には必ず「あとはお皿に盛り付けるだけ」、というこの〝サラダの素〟がスタンバイしています。使ったあとは、コンロ周りなど、キッチンのあらゆるところを拭き上げてからゴミ箱へ。料理以外にも、濡らして子供たちの口や手を拭いたりと、あれこれ大活躍してくれますよ。

1ロール600円前後。さらしやふきんのように使えて、肉や魚のドリップ取りや、油こし、出汁こしにも便利。

毎日使うから上質で丈夫なものを。「リベコ」のキッチンクロス

キッチンクロスは毎日毎日使うものだから、ちょっと奮発してもいいものを選びたい！　このベルギーリネンの「リベコ」のキッチンクロスは、60×60㎝の大きな麻製。1枚2000円程とちょっと高価ですが、吸水性がよくて乾きが早く、上質な麻なのでグラスに繊維が残らずピカピカに。大判なので拭きやすく、すぐにビショビショになるなんてこともありません。まさに、いいことずくめのキッチンクロスなんです。今までいろいろなふきんを使ってきましたが、最近はこれだけにしよう！と心に決めました。たたんで重ねて全部揃っている姿もきれいだし、洗濯して干した様子も美しい！　何といってもこの白地にグレーのチェックがたまらなく好き！　使えば使うほど柔らかく手に馴染んでいきます。おいしいものを食べて、お酒をいっぱい飲んだあとの片付けはおっくうなものです。そんな憂うつな時間を少しでも楽しくさせてくれる、大事なキッチンアイテムです。

クロスは多めにストックしておき、1回ごとに新しいものを使い、毎日洗濯機で洗う。

MAKI LIFE
—3

また買い替えられるよう仕事を頑張る！ 愛車のベンツが、仕事の姿勢を正してくれます

初めてベンツを買ったのは28歳のとき。結婚してからは、夫婦で1台の車を共有していたのですが、子供が生まれると、保育園への送り迎えや料理の買い出しなど、やっぱり自分専用の車がないと無理！と思って。友人が勤めていたディーラーで、当時ちょうど発売されたばかりのAクラスが「少しリーズナブルだから」とすすめられ、思い切りました。今で3台目になりますが、買い替えるたびに、「次もまたベンツが買えるように、仕事を頑張ろう！」って思います。ちょっと背伸びしないと手に入らないものを、「エイッ」と買うって、大事なことだなあと思います。そこを目指して頑張れますから。この服が似合う女性になろう、この車が買えるプロになろう……。そうやって目標を高く持つことで、少しでも成長できたらいいなあと思います。今は、このベンツを運転しながら、好きな音楽をかけて歌うのが、ストレス発散に欠かせないひとときにもなっています。

第4章

絶対に間違いありません！
野口家のおいしいもの

味の濃さが違う「小泉循環農場」の野菜と「にわとり村」の卵

初めていただいたときには、世の中にこんなに力強い野菜があるんだ、と感動しました。それ以来ずっと千葉にある小泉さんの農園から季節の野菜を送っていただいています。段ボールを開けるまで、何が入っているかわかりません。ときには子供が食べそうにない野菜や、「これ、どうやって食べるの?」という新顔の野菜も。それがいいなあと思うのです。たとえば、蕗が入っていたとしても、子供は「苦い〜」と言いながら少ししか食べません。でも、この〝すこ〜し食べてみる〟がとても大事だと思っているのです。普段の日々の中で旬の味を感じてほしいから。うちの子供たちが野菜好きなのは、小泉さんのおかげ。箱の中には、卵も一緒に入っています。とびっきり新鮮で、ぷりっとした黄身が鮮やかで、卵ご飯が輝くんですよ！　生卵独特の臭みがまったくないので生でもおいしくいただけます。子供たちは、この卵が届く日は、必ず炊きたてのご飯で卵ご飯と決めているようです。

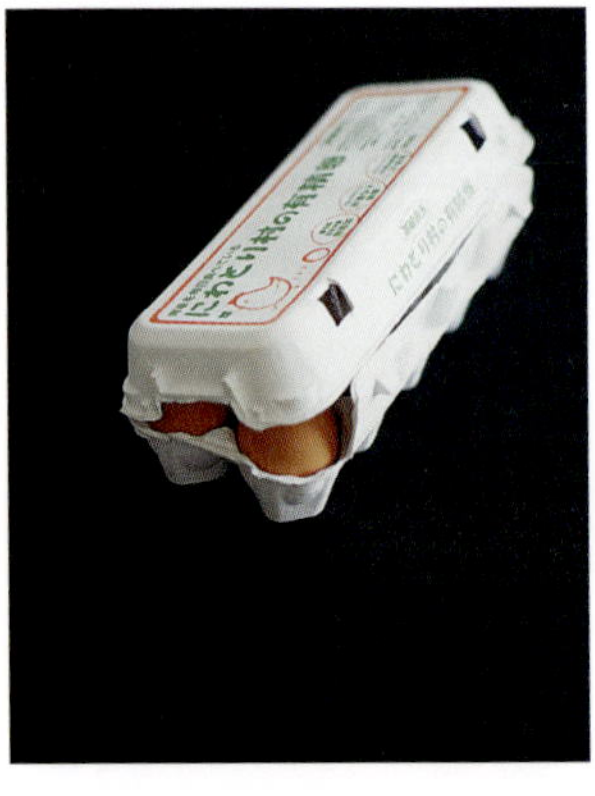

「にわとり村」の平飼い有精卵。毎日青草を食べて元気に動き回っている鶏が生んだ卵は、濃厚な黄身が特長。

料理にも、ご飯のお供にも。「中田食品」の梅干し

このオレンジ×黄色のパッケージ、スーパーなどで見かけたことはありませんか？　大粒の本格梅干しですが、比較的どこでも手に入りやすいのがいいところ。実が大きくて、皮が薄く、酸っぱすぎず甘すぎず、まさにいい塩梅。我が家では、家族全員が大好きで、ほかのブランドの梅干しは食べません。おにぎりの具も梅干しが一番人気。玄米にも必ずのせて食べます。息子のたおも、1歳になったばかりの頃から梅干し好きの仲間入りをしました。こんな大きなパックでも、あっという間になくなってしまうので、「もうちょっと大事に食べてよ！」といいたくなるほどです。調味料として料理に使うと、味がピシッと決まるという魔法の梅干しでもあります。「梅は三毒を断つ」と言われ、昔から毒消しの妙薬として利用されてきたのだとか。薬膳でも体を整えてくれると言われています。ちょっと贅沢ですが、1日1粒食べられたらいいなあと思っています。

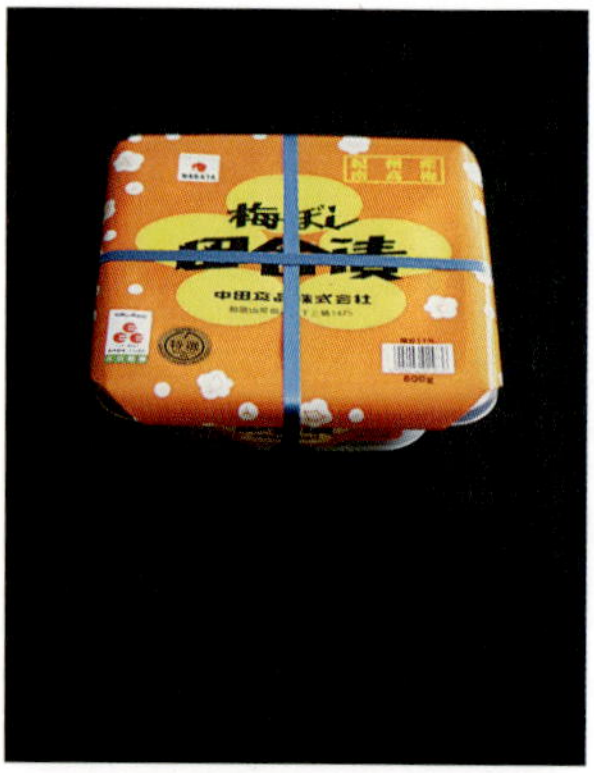

紀州南高梅を使った、和歌山県「中田食品」の「田舎漬」。600gで、2000円前後。

「ちゃんと辛い」のが選んだ理由。「小笠原フルーツガーデン」のラー油

辛いものが大好きなのに、小さな子供がいるとピリ辛料理を作ることができなくて、物足りない日々を送っていました。そんなある日、友人からお土産でいただいたのがコレ。小笠原諸島だけに自生している島唐辛子は小粒で激辛と言われているそうです。その種を採取して無農薬で栽培。花山椒やうこんなどをバランスよく配合して作られたスパイシーで香り高いラー油です。ピーナッツオイルや松の実、クコの実なども入っていて、瓶の裏には「私を振って!!」と書いてあるのがおもしろい。今、食べやすく具だくさんの「食べるラー油」などが出回っているけれど、やっぱりラー油は、ヒリヒリ辛くないと！　子供がおいしく食べられるように、日々の料理のベースはシンプルに。大人だけは、冷や奴やサラダ、卵、納豆、炒め物や和え物に、たら〜りとかければ、〝辛いライフ〟を満喫できます。でも、いちばん好きなのはやっぱり餃子のたれかな。ついついビールがすすみます。

小笠原特産
薬膳島辣油
東京から千キロ
太陽がいっぱい!!
・島唐辛子
・ウコン
・アロエ
餃子・焼肉・ラーメン…

体に良い食材がたくさん入っています。良く振って油だけでなく具も一緒にお召しあがりください。

私を振って!!

気分によって使い分けます。「かわばたみそ」と「長谷川の山形仕込味噌」の味噌

おいしいお味噌汁を毎日食べたいと思います。そのためには、おいしい出汁も大事だけれど、私がもっと大事だと思っているのが実は味噌。発酵食品のひとつでもある味噌は、腸を整えてくれるので、家族が腸美人になってくれたらいいなと願っています。添加物や保存料が入らず、安心して食べられるものをと探していて、たどりついたのがこのふたつ。友人の実家に遊びに行ったとき、お母さんが作ってくれるお味噌汁がとびっきりおいしくて！　それが淡路島の「かわばたみそ」の「田舎味噌中辛」でした。もうひとつ、スーパーで見つけて以来お気に入りになったのが、山形の小さな味噌屋さんが作っている「手造り長谷川みそ」。どちらも大豆、米、塩といった素材の旨みそのものが生きています。常に冷蔵庫に2種類の味噌をストック。お味噌汁以外にも、スティック状に切ったきゅうりに味噌を添えて、子供たちに食べさせています。おすすめですよ。

無添加
手造り　天然醸造
山形の小さなみそ屋です。
手造り麹
（作業風景）
おいしさをもとめて
手造り
長谷川
みそ
田舎味噌
保存方法　10℃以下で保存して下さい。
名　称　米みそ
原材料　米、大豆、食塩
製造者　兵庫県洲本市下加茂二丁目5-62
かわばたみそ（有）
TEL(0799)22-4607
FAX(0799)22-4610

春から初夏までのお楽しみ。淡路島の新玉ねぎ

こちらも友人の実家、淡路島へ遊びに行ったときに出会ったもの。東京生まれで田舎がない私は、瀬戸内の海に囲まれた島の大自然に感動し、子供はこういうところで育ったら幸せだろうなあとしみじみ思ったものです。淡路島は玉ねぎが特産物なので、そここの家の軒先に、玉ねぎがかわいらしくぶら下がっていました。そして友人の家で玉ねぎ料理をご馳走になって感動したんです。さらさらとした生のスライス、さっと炒めたもの……。どれも今まで食べてきた玉ねぎとは別物でした。ぎゅっと詰まった実は分厚くて甘みたっぷり。写真は新玉ねぎです。薄切りにして水にさらし、よく水気を切ってお皿に盛り、かつお節をふりかけて、真ん中に卵黄をポトリと落とします。ポン酢で食べれば、もう絶品。大きな玉ねぎ1個をぺろりと平らげてしまいます。生の玉ねぎなんて食べない息子も、これは大好き。玉ねぎに含まれる硫化アリルで血液がさらさらになるのもいいですね。

中央の卵の黄身と、かつお節を玉ねぎに絡めながら食べる。

白いご飯がご馳走に。「和久傳」のちりめん

デパチカをパトロールして、おいしそうなものを見つけたら買って試してみるのは、私のひとつの趣味かもしれません。ちょっと高級そうなお漬物やご飯のお供は、つい買いたくなってしまうもののひとつ。そんな中でも、京都の老舗料亭「和久傳《わくでん》」のちりめんは、リピート買いしているお気に入りです。細かな粒ぞろいのちりめんを、ふっくらと薄味に炊き上げてあるのはさすが！ 子供たちは磯の香りがする「青さちりめん」が大好き。大人はやっぱりピリッとしびれる風味の「ちりめん山椒」がたまりません。炊きたてのご飯にのせたり、おにぎりにしたり。お茶漬けにすると、青さや山椒の香りがふわりと立って絶品。お酒のおつまみにもいけちゃいます。ちりめんなどの小魚はカルシウムが豊富。子供も大人も「骨」を丈夫にするように、なるべく毎日小魚を摂りたいですよね。「ちょっと高いけれど、カルシウムだしね～」と言い訳をしながら、また買いたくなる一品です。

「青さちりめん」はぶぶあられ付きなので、お茶漬けにおすすめ。

青さちりめん
一越ちりめん

さっと煮てジャムに。「カルディコーヒーファーム」の冷凍ブルーベリー

我が家の冷蔵庫には、いつも手作りのブルーベリージャムが入っています。手作りジャムなんて大変！と言う人は多いけれど、この冷凍のブルーベリーを使えばとにかく簡単！　1袋500gに大さじ4〜5の砂糖をまぶして、レモン汁をかけ電子レンジで5分加熱。一旦取り出して全体を混ぜ、もう一度5分加熱すればでき上がり！　もちろん鍋でも可能。市販のものより砂糖控えめで、サラサラのジャムです。市販のジャムはいろんな添加物が入っているので、めったに買いません。でも、これなら安心だし、何より大量に作れるので安上がり。パンにつけて食べることもあるけれど、ほとんどがヨーグルトのソースとして。「お腹がすいた〜」と子供たちの大合唱が始まったら、お菓子よりこのブルーベリーヨーグルトを食べさせるようにしています。食後のデザートにしたり、3時のおやつにも。粒のままアイスクリームやグラノーラのトッピングに使ってもおいしくいただけます。

有機栽培のブルーベリーは驚くほど大粒。濃い味わいでおいしい。

優しい野菜や果物の味。１００％植物性材料の「ミハネアイス」

撮影のときに、気の利いたスタッフが手土産として持ってきてくれたのが、この「ミハネアイス」との出会いでした。アイスクリームなのに、１００％植物性って書いてある！　すごい！と思い、食べてみると優しい味わい。すっかり大ファンになりました。牛乳の代わりにココナッツや玄米ミルク、砂糖の代わりに有機栽培のアガベシロップ、そして旬のオーガニックなフルーツや野菜と、とことん材料にこだわったアイスなのです。にんじんやさつまいも、黒豆や金時豆、オーガニックカカオのショコラなどなど。ガツンとした甘さはないけれど、素材本来の優しい味がします。うたは、かぼちゃが大好きで、たおはトマトが好き。野菜のアイスがこんなにおいしいなんて！　友達にもいつもすすめています。日々ダイエット中の私もカロリーを気にせず食べられるのもいいところ。我が家では、贈答用の12個入りバラエティーボックスを取り寄せています。

Natural
100% 植物性アイス
www.mihane.jp

いつものおやつは大人味のチョコとナッツで

　子供の頃、家にはいつもピスタチオがあってよくつまんでいました。父も母もお酒が好きなので、いろいろなおつまみや乾き物が常備されていたんです。皮を割りながら食べるあの感覚が、なんだか大人っぽくて好きでした。今でも一日が終わってほっとして、ハイボール片手にピスタチオをちびちび食べているときが幸せです。子供たちも早くも私の真似をしてピスタチオ好きになってしまいました。ナッツは美容と健康にいいらしいので一石二鳥です。もうひとつの大人のおつまみが、ビターな高カカオのチョコレート。最初食べたときは、甘みが足りなくてイマイチかな？と思ったのですが、食べ慣れると苦味と酸味のバランスがなんともおいしく感じるようになりました。「バローナ」は、製菓チョコレートとして有名なブランドです。最近は板チョコタイプの美しいパッケージデザインが好きで、バレンタインデーのプレゼントには、毎年これを配っています。

VALRHONA
NOIR
GUANAJA
70% CACAO
Chocolat noir
Dark chocolate
Amer et Elégant
EXCLUSIVE BLEND
70g
VALRHONA
NOIR
ABINAO
85% CACAO
Chocolat noir
Dark chocolate
Puissant et Tannique
Powerful and Tannic
MARIAGE DE GRANDS CRUS
EXCLUSIVE BLEND
70g
2.46oz

1年に1度は食べたくなる「ハウスオブフレーバーズ」のチーズケーキ

編集者の見習いをしていた20代前半。勤めていた会社の社長が、このチーズケーキを取り寄せてくれました。1ホール1万5千円という値段にもびっくりしましたが、値段以上のおいしさに衝撃を受け、以来、私のベストオブチーズケーキに。「ハウスオブフレーバーズ」といえば、知る人ぞ知る料理家のホルトハウス房子先生のお店です。ホルトハウス先生は、昔からずっと私の憧れの人でした。素晴らしいお料理を作られるだけでなく、器やインテリアのセンスも抜群。いくつになっても先生のように人生を最高に楽しめる人になりたいなあと思います。このチーズケーキは、誰かの記念日とかお祝いなど、特別な日に取り寄せます。「今日は、あのホルトハウス先生のチーズケーキが届くからね〜」と予告して、みんなでワクワクしながら到着を待ち、「一口いくらになるだろうね〜?」なんて言いながらにぎやかに食べるのが好き。たまにはこんな贅沢のしかたもいいなあと思うのです。

インターネットでの取り寄せも可能。濃厚なクリームチーズとさわやかなサワークリームの味わいが楽しめる。

つるっとした喉越しで子供たちも大好き。「和久傳」のれんこん菓子「西湖」

ちゅるんとしたなめらかな舌触り、和三盆の優しい甘み、笹の葉の香り……。暑くなってくると食べたくなる贅沢なおやつです。「和久傳」は、味はもちろん、お店の雰囲気から商品のパッケージに至るまで、隅々まで一流の心意気が感じられ、その世界観に触れると、なんだか背筋が伸びる気がします。「西湖《せいこ》」とは蓮の花が浄土のように咲き誇る美しい湖のこと。蓮の根のデンプンと和三盆で作られたひんやり、つるんとしたれんこんのお菓子は、ひとつひとつ手作業で笹に包んでいるそう。「れんこん菓子よ」と言うと、みんな「え？」と不思議そうな顔をしますが、口にすると一斉に「おいし〜」と声をあげる、老若男女みんなが大好きな味わいです。子供たちも大好物で、冷蔵庫で冷やしておくと、「もうひとつちょうだい！」とたちまちなくなってしまうので要注意！　この「西湖」5本を竹かごに収めた贈答用パッケージは、ちょっと目上の方への手土産にもおすすめです。

一見水羊羹のようだが、まるで別物。上品な甘さの高級菓子だ。

中華街での定番。「源豊行《げんほうこう》」の腸詰と紹興酒、花巻き

横浜中華街は、私にとってのプチトリップ先です。数か月に1度、ひとりで出かけていき、まずは水餃子とビールでランチを。満腹になったら中華食材屋さんをぶらぶら歩いて巡ります。見終わるのがだいたい2時頃。つかの間の現実逃避の時間です。買うものは、だいたいいつも決まっていて、腸詰、甕《かめ》出し紹興酒、花巻きなど。その日の夕食は、買ってきたものを家族みんなで食べて盛り上がります。特に、腸詰としょうがを入れて炊いた「腸詰ご飯」はみんな大好き。何にも調味料を加えなくても、腸詰の旨みとほんのりした甘みがご飯に染み込んで、仕上げにねぎや香草をトッピングすれば、ついつい食べすぎちゃうおいしさに。紹興酒は、何と言っても甕出しがおすすめ。私はいつもロックでいただきます。花巻きは、チャーシューを挟んだりもしますが、子供たちはこのまま食べるのが好きなよう。豊かな食文化を持つ中国の食材は、いつもの食卓においしい変化を生んでくれます。

横浜中華街「源豊行」で買った腸詰を、研いだお米の上にのせて普通に水加減して炊き、炊き上がったら小さくカットして混ぜる。上にねぎを散らして。

紹興老酒
横浜・中華街
TEL.045(681)5172-5173
FAX·045(681)6161

あれこれ試してこれが一番！チーズあれこれ

シェーブルやブリー、ロックフォールなど、フランスの高級チーズも好きですが、「どっちが好き？」と聞かれたら、やっぱり雪印メグミルクの「6Pチーズ」と答えるかな。このチーズは、なんと50年以上も変わらない味なんですって。そのほかベル社の「キリ　クリームチーズ」やクラフトの「切れてるチーズ」も好き。要するに、どこのスーパーでも手に入る、いたって普通のシンプルな味のチーズがいいってこと。子供の頃から食べ慣れた味だから、どこか安心なのかもしれません。良質なタンパク質や、ビタミンA、B_2など栄養価が高いので、なるべく毎日チーズを食べるようにしています。おやつはもちろん、子供たちがごはんを待っている間「お腹すいた〜」と言い出したら「はい、チーズ！」。朝食の7品目に数が足らなかったら「はい、チーズ！」。私もビールやワインと一緒に。なくなると困るので、冷蔵庫にはいつも2〜3箱常備しています。

kiri
KRAFT
〈要冷蔵〉10℃以下
18枚切り/148g
切れてるチーズ
まろやかなおいしさ
SNOW BRAND 6P CHEESE
6Pチーズ
〈要冷蔵〉10℃以下
6個入り 内容量108g

老舗ならではの信頼できる味。「紀ノ国屋」と「明治屋」のパン

「紀ノ国屋」と「明治屋」。若い頃からこのふたつのセレブスーパーが大好きで、暇さえあれば立ち寄って、「こんな野菜があるんだ」「こんな調味料、珍しい〜」と見て歩いたものです。当時は高級すぎて、手が出ませんでしたが、パンぐらいなら買うことができました。中でも「紀ノ国屋」のホールウィートマフィンと、明治屋の「スペシャルフランス」は本当においしくて、今でも大好物です。スペシャルフランスは、大型のフランスパンをスライスして量り売りをしているもの。もっちりとして小麦の甘みがしっかり感じられます。ホールウィート＝全粒粉のマフィンは、レーズンの甘さとシナモンの香りがたまらない！どちらもカリッと焼いて、缶入りの冷たいバターを一口分ずつ置いて食べると止まりません。おいしいパン屋さんはたくさんあるけれど、老舗の安定感のある味には適わないと思っています。おいしいパンとおいしいバターを知っていると、朝食が至福の時間になりますよ。

ホールウィートマフィン（右）は、ふたつに割ってから、スペシャルフランス（左）は1枚ずつ、魚焼きグリルでこんがりとトーストするのが我が家流。

BUTTER
TRAPPIST
トラピストバター

冷蔵庫に欠かせない「パラダイストロピカルティー」

「リーデル」のグラスに氷を入れて、このアイスティーを注いでお客様に出すと「おいし〜！」「いい香り〜」と喜んでもらえます。来客の多い我が家なので、到着されたそのときに出すお茶は、とても大切だと思っています、まずは、ほっと一息ついてもらいたいから……。自分でアイスティーをいれると濁ってしまったり、香り高くいれるのがなかなか難しいもの。そこで最近は市販のものを買うようにしています。これは近所の「カルディコーヒーファーム」で手に入るので、まとめ買いしてストックしています。実は「カルディ」好きの私。ときどき試飲のコーヒー目当てに行っちゃいます。そしておいしそうなものがあったらゲット。このアイスティーもそうやって出会いました。子供たちも大好き。我が家にご飯を食べに来た人で、お酒が飲めない人にもこれを出します。私も原稿を書いている最中などは、グビグビ飲みます。冬以外は大活躍の飲み物です。

TROPICAL TEA
[無糖]1000ml

「わが家の味」を決めておけば安心。「一保堂」のほうじ茶

「日常のお茶」としていちばんよく飲むのは、ほうじ茶です。熱くいれて香りを楽しむのがほうじ茶。緑茶のように湯冷ましで冷ましてからという手間がいらず、やかんで沸かしたお湯をザ〜ッと注ぐだけでおいしく香り高くいれられるところも好きですね。今までいろいろなお茶の「マイブーム」があったのですが、今ではこの「一保堂茶舗」のほうじ茶に落ち着きました。いい意味で強い個性がなく、飽きがこない味わいです。一気にたっぷり作って、熱々のうちに水筒に入れておくのが日々の日課になっています。原稿を書きながら、家事がひと段落したときに……などいつでも飲めるし、持ち運ぶことも可能。外出先や車の中で、家でいれたお茶を飲むと、なんだかほっとします。鳥獣戯画の急須は、青山の雑貨屋さんで買ったもの。お気に入りの器で過ごすお茶の時間は、暮らしにメリハリを生んでくれます。

ほうじ茶
京都 一保堂
200g入
IPPODO TEA CO

第5章

家族4人。いつもこんなものを食べています

すし酢があれば
混ぜ寿司からサラダまですぐ完成！

ここ数年、よく使うようになったのがすし酢です。これ、本当におすすめなんです。お酢と砂糖がほどよくブレンドされ、何も手を加えずそのまま使っておいしいのがいいところ。我が家では、混ぜ寿司をよく作ります。塩鮭とみょうがが、きゅうりと干物、さらにちくわや漬物など、冷蔵庫の残り物を全部刻んで混ぜる「台所寿司」と名付けたお寿司も。ポテトサラダも、茹でたじゃがいもにちょっとすし酢をふりかけて下味をつけると、抜群においしく仕上がります。マカロニサラダ、コールスローの味付けにも。季節の野菜でピクルスを作るのも超簡単！　ピクルス液を作るのは、あれこれ材料を揃えなくてはならず意外と大変。すし酢ピクルスなら、同量の酢を加えて漬け込むだけです。ただし、すし酢を買うときには、原材料をよくチェックして！　酢、塩、砂糖、昆布かかつお出汁のみで添加物が入っていないものを選べば、毎日気分よく使えます。

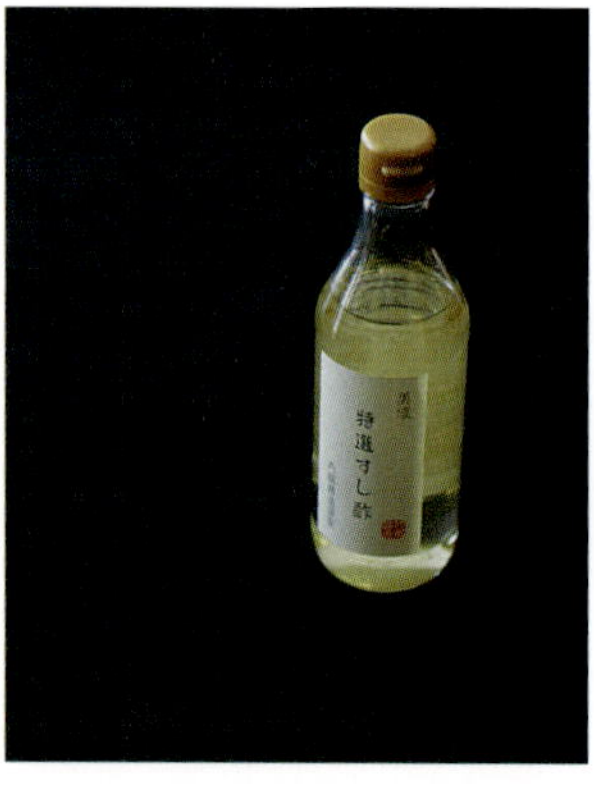

「内堀醸造」の特選すし酢は、利尻昆布の出汁と米酢、天日塩、砂糖を合わせたもの。

焼き鮭で絶品混ぜ寿司

1 グリルで塩鮭をパリッと焼いたら、身をほぐしておく。皮もパリッと焼いて加える。

2　みょうがとしそを千切りにする。口当たりがいいように、なるべく細く切るのがポイント。

3　白ごまは、必ずフライパンで炒ってから。この一手間で香ばしい香りが立っておいしさ倍増！

4　炊きたてのご飯にすし酢を混ぜる。米1合に対して、すし酢大さじ2杯が目安。

5　塩鮭、みょうが、ごま、しそを加えて、全体をさっくり混ぜてでき上がり。

すし酢ピクルス

ピクルスはファスナーつきの袋に入れて漬けるのがコツ。少しのマリネ液でも、全体によくまわり、漬けムラができません。

材料
きゅうり…2本
赤パプリカ…1個
新玉ねぎ…小1個
うずらの卵の水煮…12個
ピクルス液：すし酢、酢…各½カップ

作り方
1. きゅうりは1cm幅に切る。パプリカは2～3cm角に切る。玉ねぎはくし形に切る。
2. ファスナーつきの袋にすべての材料を入れて冷蔵庫で一晩漬ける。

ポテトサラダ

すし酢で下味をつけたポテトサラダは、マヨネーズ少なめで、さらりとした味わいです。

作り方
蒸すか茹でたじゃがいもをつぶすときにすし酢を入れて下味をつける。薄切りにしたきゅうり、玉ねぎ、ゆで卵などを加えてマヨネーズで和える。

すし酢キャロットラペ

材料

にんじん…1本　オリーブオイル…大さじ1
すし酢…大さじ3　こしょう…適宜

作り方

1. にんじんはチーズおろし器などでおろす。
2. 保存容器にすべての材料を入れて混ぜ、冷蔵庫で一晩おく。

すし酢玉ねぎ

材料

玉ねぎ…大1個　すし酢…½カップ
酢…½カップ

作り方

薄切りにした玉ねぎを保存容器に入れ、すし酢と酢を加えて混ぜ、冷蔵庫で一晩おく。

作り置きドレッシングがあれば、いつでもどこでもすぐサラダ

母がいつもドレッシングを瓶で作って保存していたのを真似して、私も手作りドレッシングを常備するようになりました。基本のドレッシングは酢とサラダ油だけのシンプルな味。どんなサラダにもよく合います。最近よく作るのはにんじんドレッシングで、ちょい甘めにするのが我が家流。にんじんをたっぷり摂れる、まさに〝食べるドレッシング〟です。にんじん1本で作るとかなりの量になるので、スクリュー式の保存容器に入れて冷蔵庫へ。ちょっと傾いてもこぼれる心配がありません。市販のドレッシングもおいしいけれど、いつも使い切らないうちに賞味期限切れに……。毎日サラダを食べる私は、自分の好きな調味料で作るドレッシングが一番だと思っています。

にんじんドレッシング

すりおろしたにんじんに味を含ませて、サラダと和えて食べる感覚です。冷蔵庫に入れれば、4～5日は保存可能です。

材料
にんじん（すりおろす）…小1本
玉ねぎ（すりおろす）…½個
サラダ油、酢…各大さじ6
砂糖…大さじ1
塩、こしょう…適量

基本のドレッシング

酢と油を同量に、砂糖を少し加えただけのシンプルドレッシング。この配合を覚えておくと便利。ジャムなどの空き瓶で保存を。

材料
酢、サラダ油…各大さじ3
砂糖…大さじ½
塩、こしょう…適量

旬の野菜をたっぷり食べるオイル蒸し

小泉さんの農園から新鮮でパワフルな青菜が届くと決まってオイル蒸しにします。フライパンにざく切りにした青菜を入れ、塩、こしょうをパラリとふりかけ、オリーブオイルを注いだら、ふたをして弱火で蒸すだけ。この方法だと、「これ食べたことないけど、どうやって料理するんだろう？」と思うような、新顔の野菜でも、大抵おいしく仕上がっちゃいます。道の駅などでちょっと冒険して、新しい青菜をゲットしたときに、ぜひ試してみてください。今回は高菜で作ってみました。葉物野菜というと、お浸しにすることが多いけれど、ちょっと料理のしかたを変えるとまったく違う味を楽しめます。肉やほかの野菜を加えて炒め物にするのもいいけれど、青菜だけのオイル蒸しは、シンプルだからこそ、野菜の味がダイレクトにわかって、しみじみおいしいんですよね。栄養を逃さない最高の食べ方だと思います。そして、こういう食べ方は、やっぱり無農薬の野菜がおすすめです。

1

フライパンに青菜を入れ塩をひとつまみふる。

2

こしょうをひとつまみふる。

3

オリーブオイルをひと回しする。

4

ふたをして弱火で蒸したら全体を混ぜる。

おいしい食卓には おいしいワインが欠かせません

夕方5時になると、私のワインタイムが始まります。子供たちと食卓を囲みながら、私はキリッと冷やしたスパークリングワインや白ワインを1杯。この至福のひとときのために、朝は5時半に起き、掃除、洗濯をテキパキこなし、仕事の段取りをして、撮影をし、子供たちのご飯を作って……と一気に走り続けているんだよなあ〜と思っています。おいしいワインを飲むために、一生懸命働いている。ちょっと大げさだけどそう思っています。ワインは、紀ノ国屋や明治屋などの高級スーパーに行ったときに買うこともあれば、時間があればわざわざワイン屋さんに探しに行くことも。でも、実はぶどうの銘柄とか、産地にはまったく詳しくない。辛口でおいしければいいんです。だから、お店の店員さんを捕まえて「2000円ぐらいでおいしいのはどれ?」と聞いて、教えてもらったものを買ってきます。常に5〜6本をストックし、赤でも白でも冷やして飲むのが好きですね。

食後の1杯は、サントリー角瓶で作るハイボールと決めています

食事が終わると、ワインからハイボールへと切り替えます。ウイスキーはあれこれ試した結果、高級なものより、ごく普通に手に入るサントリーの角瓶がいちばんおいしい！と思うようになりました。夫は、「ザ・マッカラン」のバーボンを愛飲していますが、私にはどうも高級すぎて……。ウイスキーのような蒸留酒は、太る心配もないのでいいですね。この角瓶を、私が知っている中でいちばん刺激的な炭酸水「KODAMA ClubSoda」で割ってシュワシュワ飲むのがお気に入りです。角瓶を買ったらおまけについてきたグラスがまた気分を盛り上げてくれますね。ハイボールを自宅で自分好みに作って飲めるって、本当に幸せ！　ただし、ダラダラは飲みません。1〜2杯キュ〜ッと飲んで、はいおしまい！　ぐっすり眠れて、また新しい明日が始まります。私にとってハイボールタイムは、今日を頑張った自分へのご褒美であると同時に、明日の元気の源なのだと思います。

1　サントリー角瓶のウイスキーをグラスに1/6ほど注ぐ。

2　氷は必ず大きめサイズのロックアイスを使用。山盛り入れて……。

3　きりっと冷やした炭酸水を氷の上からたっぷり注いで。

4　マドラーで混ぜるのを忘れずに。シュワシュワがなくならないうちにゴクリ。

「食べる煮干し」で出汁を取り、味噌汁も煮干しごといただきます

我が家で出汁を取るときに使っているのが、この土佐屋商店の「たべるヘルシー小魚」です。普通の煮干しより小さくて柔らかく、内臓の苦味がないので、子供でもおやつ代わりにポリポリ食べられる……というもの。時間の余裕があるときには、昆布とかつお節で出汁を取るけれど、忙しい朝食などでさっとお味噌汁を作りたいときにはコレが便利。野菜と一緒に鍋に放り込み、しばらく煮たら味噌を溶き、そのままお椀によそって煮干しも具材のひとつとして食べちゃいます。朝食の7品目のうち1品は煮干しになります。子供は全部は食べられないけれど、少しでも食べてほしいと思いますね。小さな積み重ねで、カルシウムをきちんと摂る食生活になればいいかなと思っています。お味噌汁のほかにも、ごま酢に煮干しを入れて、野菜を和えるのもおすすめ。小魚入りの栄養バランスばっちりの一品になります。煮干しは開封すると酸化しやすいので、必ず冷凍庫で保存します。

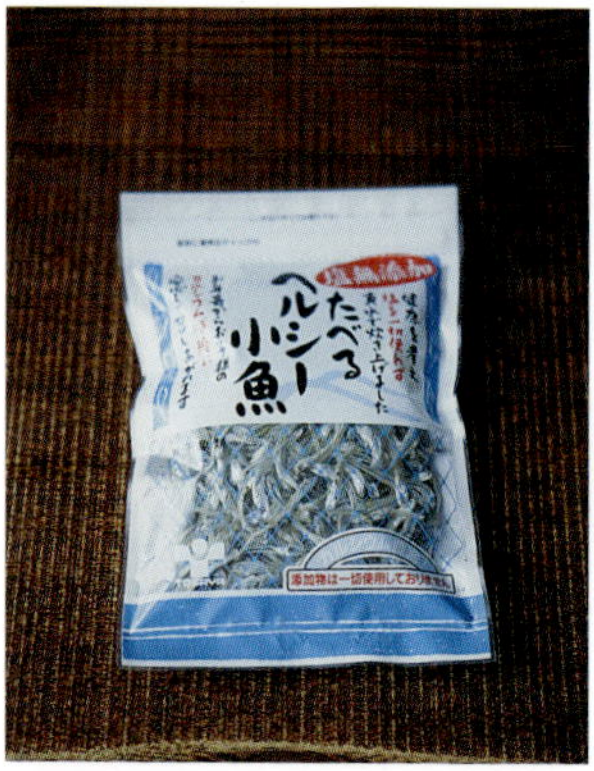

加工時に塩を一切使っていないので、煮干しそのものの味わい。

野口家の1週間の献立

私の夕食準備は、朝から始まります。出汁を取ったり、サラダ用の野菜をカットしたり、煮物を作っておいたりと、朝のうちに、ほぼ夕食の準備を済ませてしまいます。というのも、我が家の夕食は5時から。午後から撮影の仕事などが入っていると、とても準備が間に合いません。だからあとは盛りつけるだけ……という状態にしておけば安心というわけです。朝作るために、前日には必要な食材を買い揃えておきます。できるだけ新鮮なものを食べたいので、基本的に次の日に食べる量だけの買い物をするようにして、まとめ買いや冷凍はほとんどしません。献立は野菜が中心。それに少しずつでも肉と魚の両方をプラスします。たとえば鶏の唐揚げがメインなら、わかめとしらすの和え物で小魚をプラスするといった具合。トマトをカットしたり、きゅうりを長いまま出したり、納豆を添えたり。手をかけなくても、切っただけ、器にのせただけでも、なるべく多品目を揃えます。

夫婦ふたり暮らしだった頃は、夫が好きなスパイスが効いた料理など、あれこれ新しい料理に挑戦するのが楽しくて好きでした。でも、子供が生まれると、自然にハンバーグやしょうが焼き、焼き魚など定番料理が増えましたね。子供にはしゃれた料理より、昔から変わらないお母さんの味がいいなと思っています。「またママのあの料理が食べたい」と言ってもらえるような、いつものおかず……。うたにもそんな料理を作れる人になってほしいと思っています。だから、日々の献立は、いつも同じでもいい。頑張りすぎず、食べていてほっと安心する、いたって普通の料理が一番だと思います。

私の祖母も、料理が大好きで、母が小さなときからグラタンやシチューなど、当時としては珍しい洋風料理をあれこれ作ってくれたそうです。その味を受け継いだ母から習ったレシピがたくさんあります。懐かしい母の味の記憶って、何よりの宝物だなあと思います。いまだに私はその味をなかなか越えられません。「ねえねえ、あの作り方ってどうだったっけ？」と電話することもしばしば。祖母から母、母から私、そして娘へ。おいしいバトンが渡せるといいなあと思います。

月曜日

ヤーコンとにんじんのきんぴら

材料
ヤーコン…1本
にんじん…⅓本
太白ごま油…大さじ1
砂糖…小さじ1
酒…大さじ1
しょうゆ…大さじ½

作り方
1. ヤーコンとにんじんは皮をむいて4cm長さの細切りにする。
2. フライパンにごま油を入れて熱し、1を入れて炒める。少ししんなりしてきたら、まず砂糖を入れて炒め、酒、しょうゆを加えて水分を飛ばすように炒める。器に盛り、お好みで白ごまをふる。

根菜汁

材料
里いも…4個
にんじん…小1本
しいたけ…3枚
煮干し…ひとつかみ
水…4カップ
味噌…大さじ3〜4

作り方
1. 里いも、にんじんは7〜8mm厚さの輪切りにする。しいたけは薄切りにする。
2. 鍋に煮干しと、1、水を入れて火にかける。煮立ったらアクを取り、ふたをして15分ほど野菜がやわらかくなるまで煮る。
3. 味噌を溶き入れて、ひと煮立ちしたら火を止める。

にら玉

材料
にら…½束
卵…3個
塩、こしょう…各適量
サラダ油…大さじ2

作り方
1. にらは1cm幅に切る。
2. ボウルに卵を入れて溶きほぐし、1、塩、こしょうを入れてよく混ぜる。
3. フライパンにサラダ油を入れて熱し、2を入れて全体を混ぜ、オムレツ形に整える。お好みで大根おろしを添え、しょうゆをかけて食べる。

白菜の漬物

材料
白菜…¼個
塩…小さじ2
ゆずの皮（千切り）…適量
昆布（細く切る）…7cm四方1枚

作り方
1. 白菜は2cm幅に切り、ボウルに入れ、塩、ゆずの皮、昆布を入れて全体を混ぜる。
2. 漬物容器に入れて、ぎゅっとふたを閉める。
3. 冷蔵庫に入れて一晩おいて味をなじませる。3～4日すると味がなじんで昆布のとろみが出てさらにおいしくなる。途中、何度か混ぜる。

火曜日

ねぎ納豆

材料

納豆…3パック
万能ねぎ(小口切り)…10本

作り方

1. 器に納豆と付属のたれを入れて混ぜ合わせる。
2. 万能ねぎを加え、さっと全体を混ぜる。

小松菜のおひたし

材料

小松菜…1束
かつお節…½パック
ポン酢…適量

作り方

1. 小松菜は根元の泥をよく洗い、塩（分量外）を入れた熱湯でさっとゆでる。4㎝幅に切り、水気をよく絞る。
2. 器に盛り、かつお節とポン酢をかける。

しょうが焼き

材料

豚こま切れ肉…300g
塩、こしょう…各適量
玉ねぎ…½個
サラダ油…大さじ1
合わせだれ
　しょうが（すりおろし）…大さじ2
　しょうゆ、酒、みりん…各大さじ1
　砂糖…大さじ½

作り方

1. 豚肉は塩、こしょうをふってよくもむ。
2. 玉ねぎは1㎝幅のくし形に切る。フライパンにサラダ油を熱し、中火で玉ねぎを炒め、しんなりしたらいったん取り出す。
3. 2のフライパンに1を入れて炒め、色が変わったら2を戻し入れ、たれを入れて全体を強火でさっと炒める。

ゆでブロッコリー

材料

ブロッコリー…適量

作り方

1. ブロッコリーはよく洗い、小さめの小房に切り分ける。
2. 鍋に湯を沸かして塩ひとつまみ（分量外）を入れ、ブロッコリーをゆでる。
3. ブロッコリーが色鮮やかになってほどよい硬さになったら、ざるに上げ、あおいで冷ます。水気をよく切って器に盛り、お好みでマヨネーズをつけて食べる。

水曜日

グラタン

材料
鶏肉…小1枚
マッシュルーム…4〜6個
オリーブオイル…大さじ½
塩、こしょう…各適量
バター…大さじ2
玉ねぎ（みじん切り）…½個
小麦粉…大さじ2
牛乳…2カップ
マカロニ…150g
とろけるチーズ…適量
パン粉…適量

作り方
1. 鶏肉は皮と脂肪を取り、2cm角に切る。マッシュルームは薄切りにする。
2. フライパンにオリーブオイルを入れて熱し、1の鶏肉を入れて塩、こしょうをし、色が変わるまで炒め、いったん取り出す。
3. フランパンをきれいにして、バターと玉ねぎを入れてしんなりするまで炒め、小麦粉を加えてさらによく炒める。マッシュルームを加えてさらに炒め、2の鶏肉を戻し入れ、焦げないように炒める。
4. 牛乳を少しずつ加え、全体を混ぜながらとろみを出し、塩、こしょうをふる。
5. マカロニは塩（分量外）を入れた熱湯でゆで、ざるに上げ、4に加えて少し煮る。
6. 耐熱皿に入れ、チーズ、パン粉をかけて200℃のオーブンで15分ほど表面がこんがりとするまで焼く。

木曜日

にんじんサラダ

材料

にんじん…2本
にんにく（みじん切り）…½かけ
ディル（粗く刻む）…適量
レモン汁…½個分
オリーブオイル…大さじ3
塩、こしょう…各適量

作り方

1. にんじんは4cm長さの千切りにする。
2. ボウルにすべての材料を入れてよく混ぜ、冷蔵庫で1時間ほどおいてしんなりさせてから食べる。

飾り切りかまぼこ

すし酢ピクルス

(作り方はP126参照)

唐揚げ

材料

鶏もも肉…2枚

下味

しょうゆ…大さじ1

酒…大さじ1

砂糖…小さじ2

にんにく(すりおろし)…1かけ

しょうが(すりおろし)…1かけ

塩、こしょう…各適量

片栗粉、小麦粉…各大さじ4

溶き卵…1個分

揚げ油…適量

作り方

1. 鶏肉は余分な脂を取り除き、一口大に切る。
2. ボウルに下味の材料を入れてよく混ぜ、1を入れてもみ込み、冷蔵庫で1時間ぐらいおく。
3. 2の汁気を少し捨て、片栗粉と小麦粉、卵を入れてよく混ぜ合わせる。
4. 揚げ油を170℃に熱し、3をじっくりと揚げる。最後は強火にしてからりと揚げる。

金曜日

野菜の煮込み

材料

ズッキーニ…1本
赤パプリカ…小1個
なす…3本
トマト…2個
玉ねぎ…1個
セロリ…½本
オリーブオイル…大さじ3
にんにく（つぶす）…1かけ
塩、こしょう…各適量

作り方

1. ズッキーニ、パプリカ、なす、トマト、玉ねぎ、セロリは2㎝角に切る。
2. 鍋にオリーブオイルとにんにくを入れて弱火にかけ、香りが立ったら1を入れて全体を炒める。塩、こしょうをふってふたをし、弱火で煮る。最後にもう一度塩、こしょうで味を調える。

生ハムとイチジクのサラダ

ポルトガル風たこ飯

材料

たこの足…小2本
オリーブオイル…大さじ3
玉ねぎ(みじん切り)…½個
にんにく(みじん切り)…1かけ
米…1合
塩、こしょう…各適量
水…1½カップ
香草(ざく切り)…適量

作り方

1. たこは薄切りにする。
2. 厚手の鍋にオリーブオイル、玉ねぎ、にんにくを入れて弱火でじっくり炒める。米を洗わずに入れて炒め、塩をふり、透き通るまで炒める。
3. 水を入れて煮立ったら全体を混ぜ、ふたをして弱火で10分炊く。火を止めて10分蒸らし、香草を添え、塩、こしょうで味を調える。

酢豚

材料

豚ヒレ肉…300g

下味

しょうゆ…大さじ1
砂糖…大さじ½

小麦粉…適量
揚げ油…適量
干ししいたけ…4枚
ピーマン…3個
にんじん…⅓本
たけのこの水煮…½個
玉ねぎ…⅓個
じゃがいも…2個

合わせ調味料

酢、しょうゆ、砂糖
…各大さじ2
しいたけのもどし汁
…大さじ6
片栗粉…小さじ2

サラダ油…大さじ1

※干ししいたけは、1カップの水を入れて一晩冷蔵庫で戻す

作り方

1. 豚肉は1cm幅に切って下味に10分ほどおく。小麦粉を全体にまぶし、180℃の揚げ油でこんがりと揚げる。
2. もどした干ししいたけは半分に切る。ピーマンは大きめの乱切りにする。にんじんは小さめの乱切りにし、水からゆでてやわらかくする。たけのこは2〜3cm幅に切る。玉ねぎは1cm幅のくし形に切る。じゃがいもは4等分にし、水からゆでる。
3. 合わせ調味料をよく混ぜる。
4. 大きめのフライパンにサラダ油を入れて熱し、ピーマンをさっと炒めて取り出す。次に干ししいたけ、にんじん、たけのこ、玉ねぎを入れて全体をよく炒める。
5. 1とじゃがいも、ピーマンを加えて全体をざっと炒め、3をまわしかけて全体をよく炒める。仕上げにお好みで酢をまわしかける。

卵とねぎのスープ

材料

チキンスープ…4カップ
溶き卵…2個
万能ねぎ(小口切り)…適量
塩、こしょう…各適量

作り方

1. 鍋にチキンスープを入れて煮立たせ、卵をまわし入れる。
2. 塩、こしょうで味を調え、万能ねぎを散らす。

土曜日

フレッシュトマトのパスタ

材料

オリーブオイル…大さじ4
にんにく(つぶす)…2かけ
完熟トマト…4個
リングイネ…160g
塩、こしょう…各適量

作り方

1. フライパンにオリーブオイルとにんにくを入れ、弱火で香りが出るまでじっくりと加熱する。
2. トマトはざく切りにする。
3. 1に入れて(はねるので注意)、塩、こしょうをし、全体をよくゆすってとろりと乳化させる。
4. 鍋にたっぷりの湯を沸かし、海水程度の濃さになるまで塩をたっぷり入れてリングイネをアルデンテにゆでる。
5. 3に加えて全体をよく混ぜ、塩、こしょうで味を調える。

日曜日

牛肉のタリアータ

材料
牛肉(ステーキ用)…1枚
下味
　塩、こしょう…各適量
ルッコラ…適量
バルサミコ…大さじ4～5
オリーブオイル…大さじ1
パルメザンチーズ…適量
オリーブオイル(仕上げ用)…適量

作り方
1. 牛肉の表面に下味をふって10分ほどおく。
2. ルッコラは洗ってざるに上げ、キッチンペーパーに包んで冷蔵庫に入れてパリッとさせる。
3. 小鍋にバルサミコを入れて半量になるまで煮詰める。
4. フライパンにオリーブオイルを入れて熱し、1を入れて強火でレアに仕上げる。そのまま5分ほどおいて肉を休ませ、1cm幅に切る。
5. 器にルッコラを盛り、4をのせ、チーズをピーラーでけずってのせ、3をかけ、仕上げにオリーブオイルをまわしかける。

MAKI LIFE

— 4

自分の手で包んで食べる。餃子デーは、きっと子供たちの力になるはず

我が家の人気メニュー・ベスト3に入る焼き餃子。100個ぐらい作ってもあっという間になくなってしまいます。私は子供の頃から餃子包みの名人で、母によく褒めてもらいましたが、うたも、中学1年生にしてはなかなか上手になってきました。小食のたおも、自分で包んだ餃子だと嬉しいらしくて、ニコニコたくさん食べてくれるように。女の子でも男の子でも、餃子が上手に包めると、すごくかっこいいな、と思うのは私だけかしら？　家族みんなで作って食べる、という経験ができるのが、餃子の一番のいいところだと思っています。しかも栄養バランス抜群で、おいしくて、食べるとみんなが元気になるなんて、いいことずくめ！　ただし、焼き方で味がまったく違ってくるので、ちょっと難易度が高いことも確か。何度も失敗しながら腕を磨いてみてください。私は、焼き上がったときの歓声がたまらなく好きで、何度も張り切って焼きたくなります。

餃子のレシピは次ページへ

野口家の餃子

材料

餃子の皮…約80枚
豚ひき肉…400g
にら…1束
キャベツ…¼個
長ねぎ…½本
にんにく…1かけ
しょうが…1かけ

調味料

　しょうゆ…大さじ1
　塩、こしょう…各適量
　オイスターソース…大さじ1
　ごま油…大さじ1
水…½カップ
サラダ油…大さじ1
ごま油…少々
酢、しょうゆ…各適量
ラー油…適量

作り方

1. にら、キャベツ、長ねぎ、にんにく、しょうがはみじん切りにする。
2. 大きなボウルに豚肉、調味料を入れてよく混ぜ、1を加えて全体をよく混ぜる。
3. 皮の中央に具を大さじ1のせて包み、周りに水をつけて、ヒダを作りながら閉じる。
4. フライパンにサラダ油を入れて、3をフライパンいっぱいに並べ、うっすらと焼き目をつけ、水（分量外）を入れてふたをして弱火で蒸し焼きにする。水分が飛んだらふたをあけてさらに水気を飛ばす。焼き色がついたら、お好みでごま油を入れて表面をカリッとさせる。
5. 酢、しょうゆ、ラー油で好みのタレを作って添える。

第6章

"すっきりきれい"をキープする、部屋の中での小さな工夫

スーパーで買ってきた花でも、ほんの1輪でも、花のある暮らしを

部屋にお花がない、という日はありません。マンション暮らしは緑が少ないので、少しでも自然を身近に感じることができたらなと思います。仕事帰りに素敵なお花屋さんに立ち寄ることもあるけれど、スーパーでひと束いくら、と売っているものを買うことも多いですね。組み合わせを変えて飾るとぐんと見た目が変わります。花瓶も花を美しく見せる力があるものを集めてきました。毎回子供たちに「今日のお花はな〜んだ？」とクイズを出すのが恒例行事。今では、かなりの花の名前を覚えました。たおも幼いながら「今日のお花きれいだね」などと言ってくれたり、絵を描いてプレゼントしてくれることも。そうすると、ますます嬉しくなって、またお花を買いに行きたくなるのです。日々の生活を豊かにするってほんのささいなこと。少しの努力で毎日は楽しくなるのだと思います。掃除をきちんとしてさっぱりとしたところに飾るのも大事なことだと思います。

家族を送り出したら掃除タイム。掃除をしながら仕事モードへ切り替えを

朝、怒涛のごとく子供たちにごはんを食べさせて送り出し、ひとりになったら「ダイソン」タイム！　掃除機をかけているうちに、ボーッとしていた頭がだんだんシャキ〜ンとし、背筋が伸びてきます。「毎日かけているし、今日はもういいかな」と思っても、やはり気になってざっと掃除を。すべてがきれいなると「やっぱり、やってよかったな〜」と思うのです。「ダイソン」の掃除機はもう3台目。少し音が大きくて気になることもあるのだけれど、壊れるとまた買ってしまいます。何と言っても色やデザインが秀逸だから。たまったゴミを捨てるのもワンタッチで簡単だし、お手入れもしやすいのが気に入っています。この3台目は車輪がボールタイプになったので、より小回りがきいて使いやすくなりました。きれいな部屋だと、仕事も家事もはかどります。私にとって掃除は、パワー全開で走りだすための準備体操なのかもしれません。

密閉容器はこぼれないようスクリュー式を

ちょっとだけ残った茹でたブロッコリー、スライスした玉ねぎ、味噌、作り置きのドレッシングや、お味噌汁の残り。そんなあれこれを冷蔵庫にしまうとき、愛用しているのが「ジップロック」の「スクリューロック」です。ネジ式のふたなので、多少傾いても液漏れする心配なし！　以前はホウロウの容器を使っていたこともあったけれど、やっぱり中身が見えないと、いちいちふたを開けて確認しないといけないので、コレが最近のお気に入りです。3サイズあるけれど、ふたはすべて同じでどれにも使えます。直径が同じだからきっちりスタッキングもできるのもいいところ。それに、あれこれ色が氾濫するより、統一感があって、キッチンがすっきり見えると思います。冷蔵庫の中って、いろんなものを保存するからゴチャゴチャしがち。でも、この密閉容器があれば、すべてピシッと整理整頓できて気持ちいいのです。

洗剤とスポンジは水のかからない場所が定位置

来客の多い我が家では、みんなでわいわい食事をしながら、気がついた人がキッチンに立って洗い物をする……というケースも。だからなるべくスポンジはきれいなものにしようと心がけています。スポンジがヌルッとしていると気持ち悪いし不衛生！　ここ4～5年使っているのは「マーナ」の「おさかなスポンジ」です。コップなど細いものも洗いやすいし、とても乾きが早いのです。洗剤は、界面活性剤が入っていない「エコベール」を。このスポンジと洗剤を入れたかごの定位置は、一般的には流しの真ん中の縁なのですが、そこだと常に水が飛んで、スポンジが常に濡れた状態に。それがイヤで、はずしてちょい横の調理台の上へ置いています。いつもさっぱり乾いていることが、キッチンを清潔に保つ基本だと思います。

ecover

最初は台拭き。くたびれたら床拭き。「白雪ふきん」を使い切ります

この「白雪ふきん」がないと台所仕事ができない、と言ってもいいほどの私の必需品です。洗い物が終わったら周りの水滴をサッ。野菜を切ったらまな板周りをサッ。炒め物をして油が飛んだらサッ。キッチンに立つと、常に片手にふきんを持って、自分でも無意識のうちに手が動いて、そこここを拭いているみたい。毎日100回ぐらいは洗って絞るかな。使い終わったら洗濯機できれいに洗い、毎朝新しいものを取り出します。テーブルを拭いたり、子供の手を拭くのもコレ。少し破れたり、色がくすんできたら雑巾にして、床を拭いたりと、家中のあらゆるところを拭き上げます。玄関も毎日この雑巾で掃除。すると友人が「玄関を水拭きすると、運気が上がるんだよ」と教えてくれました。自分の手で「拭く」という作業は、隅々まで目が行き届き、いちばん部屋がきれいになる方法だと思います。なんだか自分の心まできれいになる気がするから不思議です。

薄い蚊帳生地を８枚重ねにしてミシンステッチで丈夫に仕上げたもの。吸水性抜群。

汚れやすいからこそ魚焼きグリルは使うたびに掃除を

2年前に友人のすすめでこの「東京ガス」の「プラス・ドゥ・グリレ」に買い替えました。この魚焼きグリルが極めて優秀！　庫内が広いので、魚を4～5尾並べて焼けるうえ、両面焼きだから、魚をひっくり返す手間もなく、失敗なしで、こんがり焼き魚ができ上がります。もちろん焼き鳥などの肉も、ほどよく脂が落ちてヘルシー！　何より便利なのが、専用トレイでパンも焼けること。我が家では、トースターとはこれで焼くようになりました。ガスで焼いたパンは、トーストとはひと味違って、外はパリッと中はモチッと格別のおいしさです。使ったあとは、まだやけどをするぐらい熱いうちに、「白雪ふきん」で汚れを拭き取ります。魚や肉を焼くと、油が飛び散りますが、熱いうちに拭くと、汚れ落ちが抜群にいいのです。臭いも消し去ることができるので、同じグリルでパンを焼いてもまったく気になりません。これを習慣にしてから、グリルのしぶとい油汚れのストレスがなくなりました。

部屋に食器棚は置いていません。作り付けの棚に整理整頓

15年前に、今のマンションに引っ越してきて、リビングとキッチンカウンター下にこの収納棚を作りました。たまたま雑誌で見たお宅の収納棚が素敵だったので、すぐに編集部に電話をして「この棚を作った方はどなたですか？」と聞きました。そうしたら、なんと偶然にもうちの近所で、すぐにお願いをすることに。背が高いと圧迫感があって、部屋が狭くなるのですべて腰高に。キッチン側は、あえて奥行きを狭く、グラスや小皿が一列に並べられるように作ってもらいました。シンプルな棚板だけなので、入れ替えも自由自在。片付けやすさも抜群です。扉はあえてガラスではなく中身が見えない木の引き戸に。閉めるとここに食器が入っているなんて想像もつかないのがいいところ。子供でも出し入れできるように、中はなるべく詰め込まないように、ゆとりを持たせてしまっています。15年も経ちますが、今でも大好きな我が家の食器棚です。

気持ちよく使いたいからタオルもパジャマも毎日洗濯

朝起きると、ほぼ365日欠かさず3〜4回洗濯機を回します。子供たちの洋服はもちろん、夫のシャツも、私のエプロンも、フェイスタオルやバスタオルも、そして家族全員のパジャマも毎日洗います。そう言うと、みんな「え〜、毎日？」とびっくりするのですが、私にとってはそれが当たり前の習慣になっていて、洗わないと気持ちが悪いのです。娘の体操着や息子の保育園でドロドロになった洋服があると、夕方また洗濯することも。シーツも本来なら毎日洗いたいところですが、干す場所がないので、3日に1度ぐらい順番に洗います。竹で編んだビッグサイズの脱衣かごに洗濯物を山盛り詰め込んで、洗面所とベランダを行き来しています。特に洗濯が大好き！というわけではないけれど、洗い立ての気持ちよさは、最高の贅沢だと思っています。ベランダが狭いので、3回も洗濯をするといっぱいに。広い庭があって、シーツも布団も思いっ切り干せるのが、私の憧れの暮らしです。

スリッパが嫌いだから家の中でもビーサンを愛用

家でも外でも、夏でも冬でも、一年中ビーサンを履いています。血行がいいのか、昔から暑がりで靴下を履くのが嫌い。「素足って最高！」と思っているので、とにかくビーサンが欠かせません。スリッパは、歩くたびにパタパタするので、室内でも、ちゃんと親指と人差し指で挟み込んで履くビーサンを愛用中です。買うのは必ず「ゲンベイ」のビーサン。もともと湘南のお店ですが、我が家の近くに取り扱い店があるのです。1足1000円前後とリーズナブルなのもいい！　なくなると困るので、23㎝のサイズを買い占めてストックしています。「どうしてこんなに履きやすいのかな？」と思ってお店の人に聞いてみたら、かかとの部分が少し高くなっていて、まったくのフラットではないんですって。単なるビーサンなのに、計算し尽くされているのが素晴らしい！　最近、黒は履くとかかとがうっすらと黒くなることに気づきました。これからは白にしようかな。

仕事の書類はクリアファイルに。見える状態でしまうのがコツ

私は書斎を持っていません。レシピ書きなどの仕事はダイニングテーブルで。そのすぐ後ろにある棚の上に、必要な書類をひとまとめにしています。実は、私はパソコンのメールを一切使わないのです。超アナログ人間で、いまだに苦手で……。だから、仕事の依頼はファックスで送ってもらいます。そして、仕事が始まったら、新しいクリアファイルを用意して、打ち合わせのたびに増えていく書類を、そのファイルへストックしていきます。バインダーなどを使うと、いちいち綴じるのが面倒だし、中身が見えないと不便。透明のクリアファイルなら、すぐに「ああ、これこれ」と取り出すことができます。レシピは撮影の2日前までには書き上げて、前日には買い出しに出かけ、当日に撮影終了と同時にそのレシピを手渡しする、というシステム。それにつきあってくれる皆さんには感謝です。

書類を立てているのは、イギリスアンティークのデスクにセットされていた本箱。

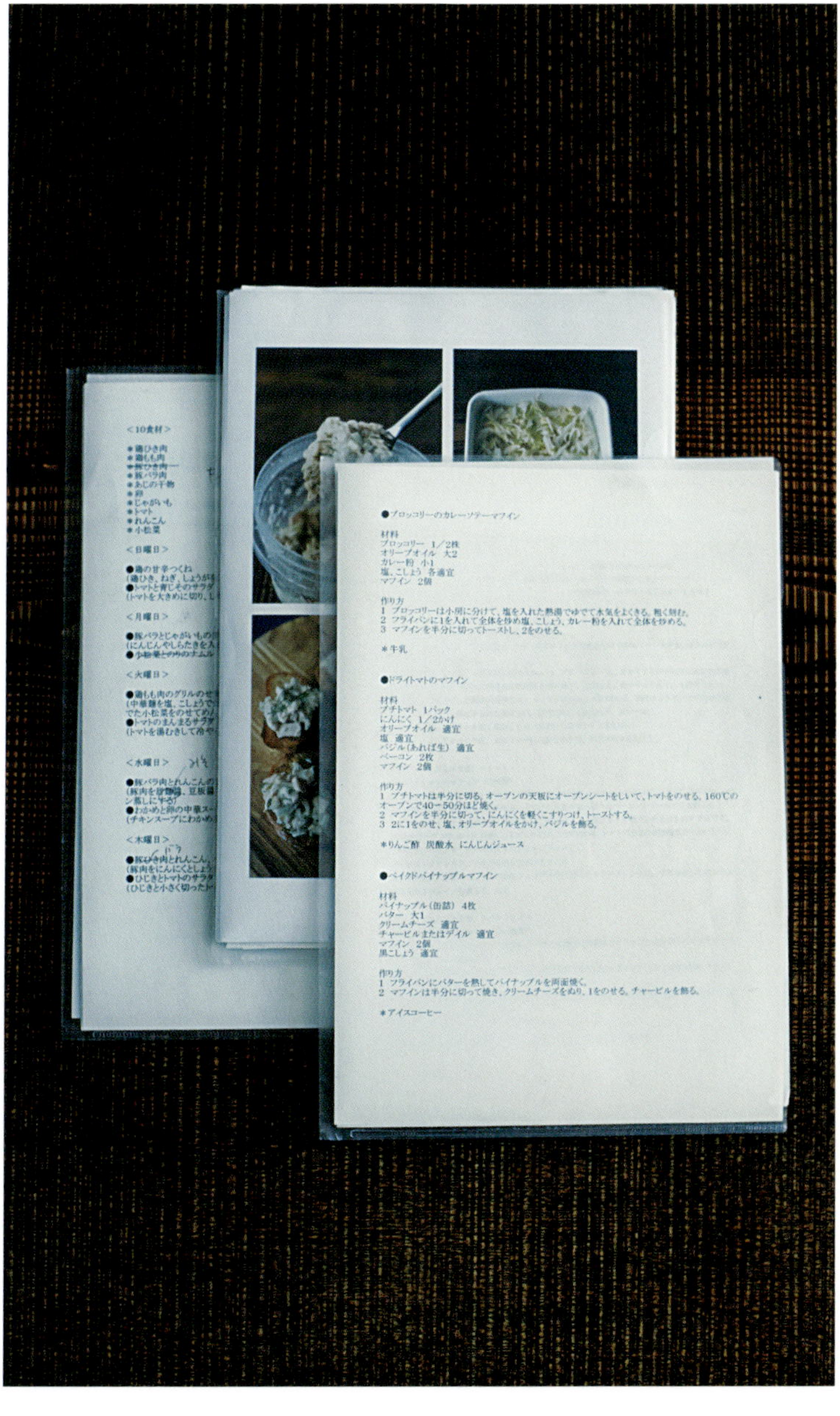
●ブロッコリーのカレーソテーマフィン
材料
ブロッコリー 1／2株
オリーブオイル 大2
カレー粉 小1
塩、こしょう 各適宜
マフィン 2個
作り方
1 ブロッコリーは小房に分けて、塩を入れた熱湯でゆでて水気をよくきる。粗く刻む。
2 フライパンに1を入れて全体を炒め塩、こしょう、カレー粉を入れて全体を炒める。
3 マフィンを半分に切ってトーストし、2をのせる。
＊牛乳
●ドライトマトのマフィン
材料
プチトマト 1パック
にんにく 1／2かけ
オリーブオイル 適宜
塩 適宜
バジル（あれば生） 適宜
ベーコン 2枚
マフィン 2個
作り方
1 プチトマトは半分に切る。オーブンの天板にオーブンシートをしいて、トマトをのせる。160℃のオーブンで40－50分ほど焼く。
2 マフィンを半分に切って、にんにくを軽くこすりつけ、トーストする。
3 2に1をのせ、塩、オリーブオイルをかけ、バジルを飾る。
＊りんご酢 炭酸水 にんじんジュース
●ベイクドパイナップルマフィン
材料
パイナップル（缶詰） 4枚
バター 大1
クリームチーズ 適宜
チャービルまたはディル 適宜
マフィン 2個
黒こしょう 適宜
作り方
1 フライパンにバターを熱してパイナップルを両面焼く。
2 マフィンは半分に切って焼き、クリームチーズをぬり、1をのせる。チャービルを飾る。
＊アイスコーヒー

家族の絵を額に入れれば ミニアートギャラリーに

「家には、家族の絵しか飾らない」と決めています。私の母は絵がとても上手で、66歳の今もデッサン教室に通い、そんな母のことを私はとても尊敬しています。大学生の頃、「ゴッホの郵便配達人の絵を描いて」とお願いしたら、サラサラと描き上げて、それが驚くほどの完成度！　伸びやかな木の絵は、母がまだ18歳ぐらいの頃に描いたもの。大好きだったので、実家から無理やり譲ってもらってリビングに飾っています。絵は、いい額に入れるとよりよく見えるもの。額屋さんに行って、絵が映えるようにとベストな額を選びます。玄関にはうたが2年生のときに描いた消防車の絵を飾っています。いつもちょこちょこ小さな絵しか描かなかったので「今日ははみ出すぐらいの気持ちで大きく描きな！」と言ったら、本当に立派に描いて、賞までいただきました。トイレに飾った果物の版画もお気に入り。これから、たおが上手になって、飾れるぐらいの絵を仕上げてくれる日が楽しみです。

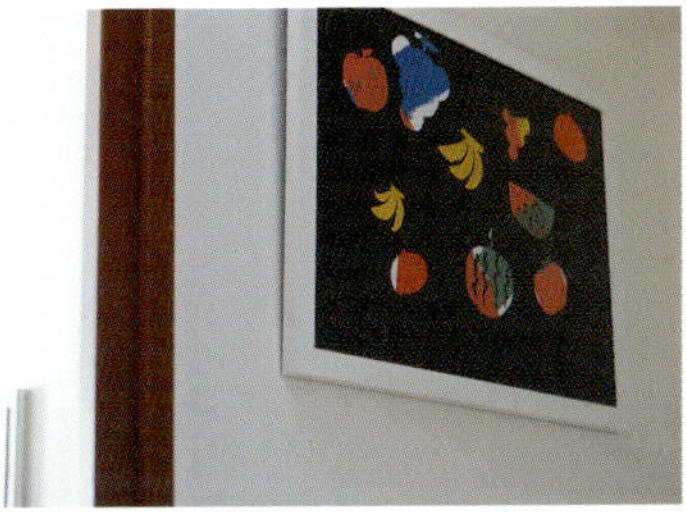

MAKI LIFE

—5

ときどき親子3人で銭湯へ。日常を離れたプチトリップ気分を味わいます

夕食が終わると、ときどき子供たちと近所の銭湯へ出かけます。マンションのユニットバスとは違い、大きな湯船にザブ〜ンと入る気持ちよさを知ったらやめられません。娘が幼い頃は「こんな小さな子を連れてきて」とおばさんたちに顔をしかめられたこともあったけれど、かまわず通い続けたら、いつの間にか「大きくなったねえ」と成長を見守ってくれるように。ゆっくりお湯につかって、丁寧に体や髪の毛を洗い、歯も磨いて、たっぷり1時間過ごします。家に帰ったら、みんなでベッドへ直行。9時ぐらいには、私も子供たちと一緒に寝てしまいます。体の芯まで温まると熟睡でき、朝5時にはすっきり目覚めます。たっぷり汗を流す銭湯通いで、私は日々元気でいられるんだよな〜と思っています。やるべきことは全力でやって、パッとスイッチを切り替えて、気持ちよくお風呂に入って寝る。暮らしも仕事も、そんなオン、オフが何より大事だと思っています。

DENT.
Check-Up
kodomo
STANDARD

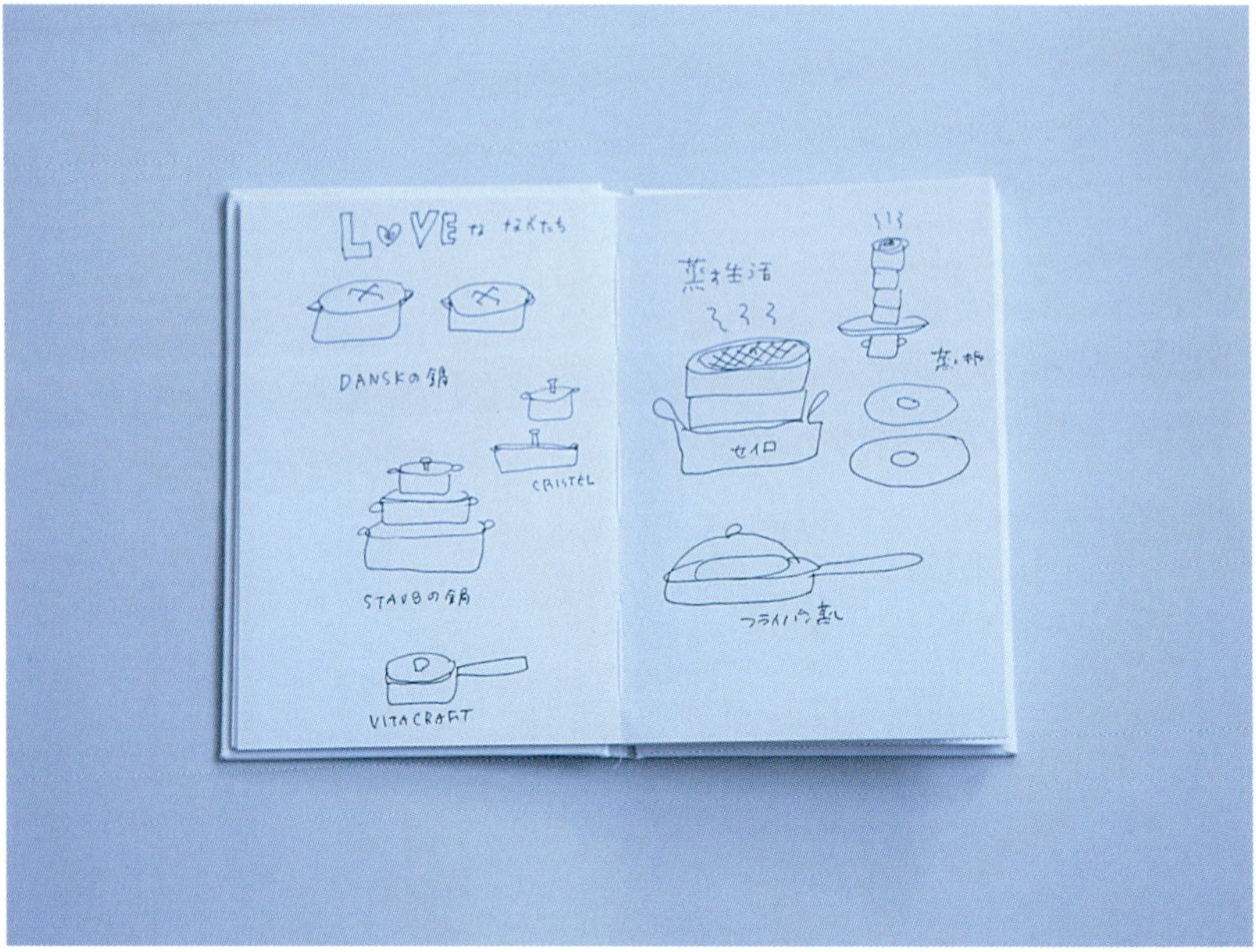

おわりに

この本を読んでくださり、本当にありがとうございました。これが、私が地道に毎日やっていることのすべてです。

「毎日、楽しくなければつまらない！」

お祭りのような楽しさは難しいかもしれませんが、毎日に活気があって、笑いがあって、お酒があって……が理想の生活。ベッドに入って、「今日も疲れたけど、楽しかったなあ、いい一日だったな〜」と思いながら眠りにつきたいと思っています。もちろん、たまには「何となくつまらないな」と感じる日もあります。そんなときは小さな楽しいことを探します。明日のおいしいパンを買いに行く、おつまみにお刺身を少しだけ足してみる、新しいお花を飾ってみる、好きな器屋さんをのぞいてみる、偶然会った近所の人と

立ち話をしてみる……。ちょっとした楽しいことは意外とあちこちに転がっていて、気分を盛り上げてくれるものです。40歳を過ぎ、人生も折り返しです。長いようで短い人生、これからも自分の「おいしい」をいっぱい見つけて、笑顔溢れる楽しい暮らしができたら幸せだと思っています。

野口 真紀（のぐちまき）

1973年、東京都生まれ。料理雑誌の編集者を経て、料理家となる。和洋中からエスニックまで料理のレパートリーは幅広く、素材の持ち味を生かしたレシピに定評がある。『自慢の持ち寄りレシピ』（PHP研究所）、『やさしいたのしい野菜の蒸し料理』（エクスナレッジ）、『きょうの一汁二菜』（主婦と生活社）など著書多数。

ブックデザイン　三浦逸平
写真　宮濱祐美子
編集協力　一田憲子
校正　新居智子

おいしい毎日　おしゃれな明日

2015年9月22日　第1刷発行

著者　野口 真紀（のぐち まき）
発行者　川金 正法
発行　株式会社KADOKAWA
〒102-8177　東京都千代田区富士見2-13-3
03-3238-8521（カスタマーサポート）
http://www.kadokawa.co.jp/

落丁・乱丁本はご面倒でも、下記KADOKAWA読者係にお送りください。

送料は小社負担でお取り替えいたします。

古書店で購入したものについては、お取り替えできません。

電話049-259-1100（9：00～17：00／土日、祝日、年末年始を除く）

〒354-0041　埼玉県入間郡三芳町藤久保550-1

DTP…フォレスト　　印刷・製本…大日本印刷

ISBN978-4-04-601085-8　C2076